国网绿色现代数智供应链
—— 知识体系丛书 ——

国 网 绿 链
STATE GRID GREEN SUPPLY CHAIN

供应链
物流管理

国家电网有限公司 组编

中国电力出版社
CHINA ELECTRIC POWER PRESS

内 容 提 要

　　本书对国家电网有限公司现代物流体系进行系统提炼，阐释了社会通用物流理论与政策，以及国家电网有限公司现代物流体系、仓储管理、实物管理、运输与配送管理、废旧物资管理、应急物流管理六个方面的创新实践，并对国家电网有限公司现代物流体系建设进行展望。本书图文结合，辅以各类实用化典型案例，适度加入延伸阅读，增强了互动性和体验感。

　　本书可为企业及社会各界供应链物流管理提供借鉴，也可供供应链物流专业人士学习阅读。

图书在版编目（CIP）数据

供应链物流管理 / 国家电网有限公司组编. -- 北京：
中国电力出版社, 2024. 12 (2025.1重印). -- (国网绿色现
代数智供应链知识体系丛书). -- ISBN 978-7-5198-9044-5

Ⅰ. F426.61

中国国家版本馆 CIP 数据核字第 2024D3N285 号

出版发行：中国电力出版社
地　　址：北京市东城区北京站西街 19 号（邮政编码 100005）
网　　址：http://www.cepp.sgcc.com.cn
责任编辑：王蔓莉（010-63412791）
责任校对：黄　蓓　常燕昆
装帧设计：张俊霞
责任印制：石　雷

印　　刷：三河市万龙印装有限公司
版　　次：2024 年 12 月第一版
印　　次：2025 年 1 月北京第二次印刷
开　　本：787 毫米×1092 毫米　16 开本
印　　张：13.25
字　　数：227 千字
定　　价：80.00 元

丛书编委会

主　任　季明彬

副主任　卓洪树　任伟理　王增志　宋　岱

委　员　孙　浩　宋天民　易建山

丛书专家组

组　长　何黎明

副组长　蔡　进

成　员　王书成　胡凌云　汪希斌　张志军　赵　辉

　　　　常朝晖　董健慧　季楷明　朱长征　刘雪飞

　　　　刘伟华　朱翔华

特邀审稿专家

　　　　何明珂　刘晓红　胡江云　王喜富　高红岩

　　　　苏菊宁　孔继利

丛书编写组

主　编　卓洪树

副主编　孙　浩　　宋天民　　易建山

成　员　杨砚砚　　陈　广　　张　柯　　熊汉武　　龙　磊

　　　　赵海纲　　王培龙　　胡　东　　赵　斌　　杨志栋

　　　　孟　贤　　黄　裙　　储海东　　谭　骞　　陈少兵

　　　　刘俊杰　　樊　炜　　陈石通　　周亦夫　　张新雨

　　　　丁　昊　　朱迦迪　　刘明巍　　李　屹　　尹　超

　　　　何　明　　吴　强　　李海弘　　张　兵　　王光旸

　　　　陈秀娟　　王　健　　孙启兵　　张　瑞　　孙　扬

　　　　孙　萌　　于　胜　　戎袁杰　　张元新　　胡永焕

　　　　厉　苗　　吴　臻　　纪　航　　刘　昕　　丁亚斐

　　　　贾成杰　　许沛丰　　王宇曦　　王延海　　侯立元

　　　　牛艳召　　曾思成　　党　冬　　黄　柱　　宋述贵

　　　　张　斌　　何　灵　　汪　琨　　满思达　　张　昊

　　　　郝佳齐　　姜旭航　　王　玮　　仇爱军　　郭　振

　　　　周晓炯　　孔宗泽　　赵红阳　　王　聪　　王银洁

　　　　李明哲　　杨　凯　　邹慧安　　孙宏志　　李洪琳

　　　　骆星智　　李俊颖　　赵　钰　　时薇薇

本册编写组

组　　长　孙　浩

副组长　陈锡祥

成　　员　张　柯　黄　裙　王延海　侯立元　张国远

王　玮　赵　钰　吴　璇　李　岩　王　瑾

王　颖　孙　扬　佟　明　于　胜　侯　平

邱颖捷　朱雨辰　李志新　郭志冲　张　端

李　可　骆星智　廖祥苏　南　天　邱　帅

高国中　傅　欣　朱伊姝　李江华　裴正杰

梁　帆　张　驰　李　珍　王　骊　陈一丁

张秀华　刘万东　皮景创　许　玲　梁　峰

孙小江　王家冕　华曼羽　王　博　孙宏志

臧梦璐　方　静　赵　敏　薛志文

特邀专家　赵　辉

随着全球一体化的程度越来越高，市场竞争不断加剧，供应链管理已成为经济和社会活动中的一个重要组成部分。供应链管理发展到今天，早已突破企业之间、产业之间的边界，成为国家竞争力的重要体现，也是国家之间合作与博弈的热点焦点。以习近平同志为核心的党中央高度重视供应链建设工作，作出了提升供应链现代化水平和自主可控能力、提高供应链稳定性和国际竞争力等系列决策部署，为中央企业供应链发展指明了方向。党的二十届三中全会再次强调"健全提升产业链供应链韧性和安全水平制度""打造自主可控的产业链供应链""健全绿色低碳发展机制""推动产业链供应链国际合作"。国务院国资委对中央企业在建设世界一流企业中加强供应链管理提出明确要求。国家电网有限公司全面贯彻党中央、国务院指示精神，聚焦供应链数智转型、绿色低碳、协同发展，创新打造国网绿色现代数智供应链管理体系，支撑经济和社会高质量发展。

作为关系国民经济命脉和国家能源安全的特大型国有重点骨干企业，国家电网有限公司始终坚持以习近平新时代中国特色社会主义思想为指导，坚持问题导向、目标导向和系统观念，推动公司和电网高质量发展，保障电力供应、促进能源转型、支撑和服务中国式现代化建设。在改革和发展过程中，国家电网有限公司紧紧围绕党中央、国务院关于推动产业链供应链优化升级重大决策部署，持续推动供应链创新发展，特别是从 2022 年起，创新构建具有"协同化、智慧化、精益化、绿色化、国际化"特征的国网绿色现代数智供应链管理体系（简称"国网绿链"），以平台为着力点、采购为切入点、整合为突破点，实施"绿链八大行动"，形成"标准引领、需求驱动、数智运营、平台服务"的绿色数智发展新业态，提效率、增效益、促效能，有效提高了采购和供应链资源保障能力、风险防控能力、价值创造能力和行业引领能力，确保产业链供应链安全稳定。

国网绿链聚焦供应链数智转型，用链式思维创新生产组织服务方式，以实物 ID

为纽带，实现"一码贯通，双流驱动"，建设供应链公共服务平台，建立供应链基础大数据库、高端智库，打造能源电力产业链供应链统一"数据底座"，有效打通创新链、资金链、人才链、价值链，推动全链业务实现跨专业、跨企业、跨行业数字化交互和智能化协同，促进形成新质生产力，服务能源电力产业链供应链高质量发展。国网绿链聚焦供应链绿色低碳，将绿色、低碳、环保的理念和技术融入供应链全过程、各环节，构建绿色低碳标准、评价、认证体系，印发央企首个《绿色采购指南》，深入实施绿色采购，推动能源电力领域技术创新、装备升级、节能减排和环保循环，助力形成绿色产业集群，构建供应链"全绿""深绿"生态，服务能耗"双控"向碳排放"双控"转变。国网绿链聚焦供应链协同发展，充分发挥国家电网有限公司作为能源电力产业链"链长"和供应链"链主"的超大规模市场"采购引领"作用，大力营造公开、公平、公正和诚实信用的招投标环境，倡导行业向绿色低碳、数智制造转型升级，推动产业链供应链高质量发展，助力构建协同共赢的供应链生态，促进全国统一大市场建设，推动新发展格局落地。

在供应链变革与重构的新格局中，供应链体系的价值逐步得到体现。国家电网有限公司在构建国网绿链的过程中，不断总结实践经验和创新成效，提炼超大型企业供应链发展的方法论，形成了国网绿链的理论及知识体系。本套丛书是国网绿链知识体系的精髓，既涵盖全社会供应链先进管理体系、流程、方法和技术，又突出了国网绿链的创新特色成效。希望以丛书的出版为契机，搭建共享交流平台，为大型国有企业探索现代供应链实践提供借鉴。诚挚欢迎关心关注供应链发展的社会各界人士提出宝贵意见。国家电网有限公司将持续深化绿色现代数智供应链管理体系建设，加快建设具有中国特色国际领先的能源互联网企业，为以中国式现代化全面推进强国建设、民族复兴伟业作出更大贡献！

国家电网有限公司副总经理　李明杉

当今世界正经历百年未有之大变局，国际金融市场动荡、经济全球化遭遇逆流、部分国家保护主义和单边主义盛行等不利局面正冲击现有经济秩序，全球产业链供应链面临着快速重构的风险。大国之间对供应链主导权的争夺进入白热化阶段，区域化阵营化竞争手段正逐步取代以往市场化竞争，产业链供应链韧性与安全成为供应链布局的重要考虑因素，数智化、绿色化成为供应链转型的国际共识。

习近平总书记高度重视产业链供应链发展建设工作，在党的十九大报告中首提现代供应链，将其作为深化供给侧结构性改革、发展现代化经济体系的重要组成部分。党的二十大报告中明确提出"着力提升产业链供应链韧性和安全水平"，是以习近平同志为核心的党中央从全局和战略的高度作出的重大决策部署。《中华人民共和国国民经济和社会发展第十四个五年规划和 2035 年远景目标纲要》也提出了"分行业做好供应链战略设计和精准施策，形成具有更强创新力、更高附加值、更安全可靠的产业链供应链"。2023 年国务院国资委印发的《关于中央企业在建设世界一流企业中加强供应链管理的指导意见》中进一步明确了供应链管理的重要性。二十届三中全会公报中进一步强调了要"健全提升产业链供应链韧性和安全水平制度，健全促进实体经济和数字经济深度融合制度"。

在此基础上，全社会供应链思维明显提升，各企业大胆创新、积极探索，有利地推动了企业供应链国际化、绿色化、智能化水平持续提升，形成了一批先进实践经验。一批供应链领先企业迅速成长，围绕全球采购、生产、分销、物流等全面布局，在充分利用国际国内两个市场、两种资源等方面，起到了积极示范引领作用。随着习近平生态文明思想的贯彻落实，碳达峰、碳中和目标设立，建立健全绿色低碳循环发展的经济体系，已逐步由愿景走向现实。构建绿色供应链，需要国有企业主动承担绿色转型领头责任，引导企业做好业务发展与社会责任的有机平衡，将绿色可持续发展嵌入供应商选择、生产、物流、再生资源回收利用等全流程各环节。加快发展新质生产力，推动企业数字化转型提速，促进数字技术与实体经济融合，对企业供应链管理提出了新的要求。

作为关系国计民生的特大型国有骨干企业和全国供应链创新与应用示范企业，国家电网有限公司深入贯彻落实党中央、国务院关于推动产业链供应链发展相关重大决策要求，充分发挥知识资源对供应链创新发展支撑服务作用，构建绿色现代数智供应链管理知识体系，有效吸收了当前国际、国内主流知识体系精华，在总结自身成功的供应链管理实践案例基础上，结合中国能源行业产业链供应链发展特色，编写出这套兼具国际视野与中国特色、专业知识与企业实践相结合的知识体系丛书。该套丛书依托其特色优势，不仅能激励和引领国内企业持续创新供应链管理理念和方法、全面提升供应链管理现代化水平、助推我国现代供应链高质量发展，亦可作为培训教材培养一批具有先进供应链管理经验的高级专业人才，为指导提升我国供应链从业者业务能力水平作出贡献。

实现世界一流企业的发展目标任重道远。在此，我向大家推荐《国网绿色现代数智供应链知识体系丛书》，希望该系列丛书能够给各行业企业尤其是能源企业供应链从业者提供借鉴和帮助，进一步引导我国各行业企业供应链管理水平不断提升，促进我国产业链供应链高质量发展。

中国物流与采购联合会会长

随着经济全球化和网络化的发展，新供应链理念已经成为促进全球领先企业及其上下游企业实现资源优化配置、提升运营效率、提高核心竞争能力、适应全球市场发展要求的重要途径和手段。当前，我国正在深化供给侧结构性改革，经济已由高速增长转向高质量发展。受逆全球化、贸易保护等多重因素影响，全球供应链加速调整和重构，不稳定性和不确定性显著增加，供应链保障已经成为国家战略安全的重要组成。中央企业在国家产业链供应链体系建设中具有不可替代的地位，也承担着义不容辞的责任。

国家电网有限公司作为关系国民经济命脉和国家能源安全的特大型国有重点骨干企业，始终坚持以习近平新时代中国特色社会主义思想为指导，牢牢把握能源保障和安全这个须臾不可忽视的"国之大者"，全面贯彻落实国家战略部署要求，主动顺应信息技术发展潮流，围绕"绿色、数字、智能"现代化发展方向，打造具有行业领先地位和示范作用的绿色现代数智供应链管理体系，为推动国家电网有限公司高质量发展，支撑和服务中国式现代化提供了优质高效的供应链服务保障。

国网绿色现代数智供应链管理体系不仅提升了企业自身的供应链管理水平，在推动行业内乃至社会的供应链发展方面也有重要意义。

一是发挥"排头兵"的示范作用，为超大型企业供应链管理创新提供借鉴。对于国有企业来说，传统的供应链管理已经无法适应市场的需求，标准化、集约化、专业化、数字化、智能化是供应链转型的大方向。国网绿链坚持管理创新和科技创新双轮驱动，推动了供应链绿色化、数字化、智能化、现代化转型，在有效提升自身供应链运营水平的同时，为能源电力产业链供应链资源整合、提质增效、转型发展贡献了巨大力量，这些改革和创新经验为国内外企业的供应链创新发展提供了"国网方案"。

二是推动电工装备行业发展，带动产业链供应链价值提升。国家电网有限公司是全球最大的公用事业企业，处于产业链供应链的核心枢纽和链主地位。国网绿链充分发挥了超大规模采购的市场驱动力，用需求引领跨行业、跨平台、跨企业的专业化整合，不仅助力了全国统一大市场建设，还带动了全供应链绿色低碳、数智转型，营造和谐共赢的供应链生态圈，推动能源电力装备制造业乃至供应链上下游企业提档升级。

三是有效提升稳链固链能力，助推国家战略落地。国家电网有限公司作为全球电力领域的领跑者，利用国网绿链这个"火车头"，一方面引领了能源电力供应链产业链创新与变革，提升了供应链产业链韧性和安全稳定水平；另一方面带动了中国能源电力行业走向国际市场，加快我国的供应链标准和模式"走出去"，确保全球供应链的开放、稳定、安全，积极建设全球能源互联网，推动"一带一路"沿线经济带发展，助力构建人类命运共同体。

中国供应链发展要找到属于自己的道路，依靠的正是各行各业供应链从业者不断地探索和创新，众多的"先行者"为推动中国供应链事业发展，形成具有中国特色的供应链管理理论作出了重要贡献，而国家电网有限公司正是其中的"领头雁"。

《国网绿色现代数智供应链知识体系丛书》全面研究世界一流供应链发展方向和国家电网有限公司供应链应用经验，系统阐述了绿色现代数智供应链发展理论支撑、管理体系框架、战略要素构成、业务运营实践方面的创新思路及成效，相信来自各界的读者，无论是企业管理者，还是政策制定者，都能够从这套丛书中收获新的思路和启发。希望国家电网有限公司进一步以世界一流目标为指引，以央企的时代情怀，在供应链创新与应用中，进一步发挥"大国重器与压舱石"作用，在推动国家经济高质量发展中勇当标杆、率先垂范，为中国经济高质量发展作出更深层次的思考和更大的贡献。

中国人民大学商学院教授

国家电网有限公司坚决贯彻党中央、国务院战略部署，落实国资委《关于中央企业在建设世界一流企业中加强供应链管理的指导意见》，创新构建绿色现代数智供应链，持续推动物资管理水平提升。在此基础上，结合内外部环境需求，总结绿色现代数智供应链建设经验，构建了国家电网有限公司绿链知识体系，这是加强绿色现代数智供应链管理体系建设的一项重要举措，也是能源电力行业的首创。

《国网绿色现代数智供应链知识体系丛书》是深化国家电网有限公司绿链知识体系建设、打造供应链专业化人才队伍的重要抓手。丛书紧跟供应链专业化发展新趋势，将国际、国内前沿供应链管理理论与国家电网有限公司供应链管理创新实践相结合，以"理念先进、内容全面、专业实用、创新发展"为原则，既具备普适性，又体现创新性，既涵盖国际通用的供应链六大基础要素，又延伸覆盖规划设计、施工安装、运行维护等要素，形成具有国家电网有限公司特色的供应链九大要素。丛书采用一总册九分册形式，其中总册为《绿色现代数智供应链》，九分册分别为《供应链需求与计划管理》《供应链采购管理》《供应链物流管理》《供应链合同管理》《供应链质量监督管理》《供应链供应商关系管理》《供应链精益运营》《供应链风险管理》《供应链标准化与数智化管理》。

丛书既面向国家电网有限公司内部，为公司供应链从业人员夯实基础、拓展视野、提升水平、指导实际操作提供指引，又面向产业链供应链链上企业，为相关供应商、服务商、物流商理解绿色现代数智供应链理念和管理要求建立有效途径，促进供应链上中下游利益相关方深化协作，带动链上企业共同发展。同时可供各行业供应链管理人员学习和交流参考，促进共同提升全社会供应链管理水平，推动国家加快构建现代供应链管理体系。

本书是丛书的《供应链物流管理》分册，主要介绍了物流管理通用理论、国家电网有限公司现代物流体系、仓储管理等内容，并基于物流管理、供应链管理等现代企业管理理论，以绿色现代数智供应链建设为主线，全面总结了国家电网有限公司在供应链物流管理方面的创新实践做法。

在章节分布上，本书系统性地梳理了供应链物流管理理论基础，以及国家电网有限公司在仓储管理、实物管理、运输与配送管理、废旧物资管理、应急物流管理等方面的最佳管理实践，并精选了部分典型案例，多维度、多方面地展现了供应链物流管理的国家电网有限公司特色经验及取得的成效。同时，结合"大云物移智边链"等新技术和绿色化、数智化的现代供应链发展思路，对未来优化提升方向进行了前瞻性思考。

本书在编写过程中，得到多位同行及内外部专家的指导和支持，在此表示诚挚的感谢。限于编者水平，书中不足之处在所难免，恳请各位专家、读者提出宝贵意见。

编　者

2024 年 11 月

第一章

物流管理理论及政策

物流是供应链运行的核心环节，通过嵌入供应链主导企业原材料采购、生产要素保障、产业链配套、终端渠道开拓等产供销各环节，联动供应商、制造商、分销商和零售商直到最终用户，以实现对供应链上下游、跨区域精准匹配、高效对接和组织重构。现代物流依托物流网络和信息资源共享，对订单处理、仓储与库存、运输与配送、逆向物流等一系列流程进行一体化管理，服务于日常业务和突发应急情况，同时在效率、效益、韧性安全和绿色可持续性等维度追求卓越。"十四五"以来，国家先后出台了一系列政策措施，制定了绿色物流、应急物流等专项规划和方案，指导促进现代物流高质量发展。以国家电网有限公司（简称国家电网公司）、华为技术有限公司、中国物流集团等为代表的供应链创新与应用示范企业，响应国家"双碳"战略，聚焦智慧物流发展趋势，打造"绿色低碳、数智驱动、协同共享"的智慧物流新生态，引领供应链物流创新发展，有力支撑中国式现代物流体系建设。

第一节 物流管理发展历程

物流管理发展大致经历了运输配送管理、物流管理和供应链管理三个阶段。运输配送管理主要是快速高效的把产品送达顾客；物流管理是通过采购物流、生产物流和分销物流的集成，最大限度降低企业物流总成本；供应链管理是基于核心竞争力，整合利用内部外部资源，推动全链条最优化和价值最大化。

一、运输配送管理阶段

1927 年，美国学者布索迪在《流通时代》中首次使用 Logistics 称呼物流，替代以前的实物分配（Physical Distribution，PD）。二战期间，美军首先采用物流管理（Logistics Management，LP）（也称后勤管理）概念，并对军火运输、补给、调配等进行全面管理。战后这些理论和方法被广泛应用于工商领域，极大地提高了企业的运作效率，为企业赢得了更多客户。这个阶段的管理主要针对企业的运输配送部分，即在成品生产出来后，如何快速而高效地经由配送中心把产品送达客户指定的地点，并尽可能维持最低的库存量。

在这个阶段，物流管理只是在既定数量的成品生产出来后，被动地迎合客户需求，将产品运到客户指定的地点，并在运输的领域内实现资源的最优化使用，合理设置各配送中心的库存量。这个阶段物流管理并未真正出现，有的只是运输管理、仓储管理和库存管理。当时物流经理的职位也不存在，有的只是运输经理或仓库经理。美国物流管理协会当时的名字为实物配送管理协会，加拿大供应链与物流管理协会当时的名字为加拿大实物配送管理协会。

二、物流管理阶段

现代意义上的物流管理出现在 20 世纪 80 年代，人们发现利用跨职能的、流程管理的方式去观察、分析和解决企业经营中的问题非常有效。通过分析物料从原材料运到工厂，流经生产线上每一个工作站，产出成品，再运送到配送中心，最后交付给客户的整个流通过程，企业可以消除很多看似高效率却实际上降低了整体效率的局部优化行为。因为每个职能部门都想尽可能地利用其产能，没有留下任何富余，一旦需求增加，则处处成为瓶颈，导致整个流程的中断。又比如运输部作为一个独立的职能部门，总是想方设法降低其运输成本，这本身是一件理所当然的事，但若其因此而将一笔需加快的订单交付海运而不是空运，虽然省下了运费，却失去了客户，导致整体的失利。所以传统的垂直职能管理已不适应现代大规模工业化生产，而横向的物流管理可以统筹流程上的各个职能部门，以取得整体最优化的协同作用。

在这个阶段，物流管理的范围扩展到除运输外的需求预测、采购、生产计划、存货管理、配送与客户服务等，以系统化管理企业的运作，达到整体效益的最大化。物流管理的关键是系统管理从原材料、在制品到成品的整个流程，以保证在最低的存货条件下，物料畅通地买进、运入、加工、运出并交付到客户手中。高效的物流管理，意味着以最少的资本做出最大的业务，产生最多的回报。相应地，美国实物配送管理协会在 20 世纪 80 年代中期改名为美国物流管理协会，而加拿大实物配送管理协会则在 1992 年改名为加拿大物流管理协会。

三、供应链管理阶段

20 世纪 90 年代以来，随着全球一体化进程加快，企业分工不断细化，横向一体化思想随之兴起，其核心内容是：利用企业外部资源快速响应市场需求，本企业只抓最核心内容——产品方向和市场。由于一家企业很难将生产的每一个环节都做到最好，因此企业开始关注自身的核心竞争力，并向供应商购买自己不擅长生产的部件或服务。业务外包模式促进了现代供应链管理的诞生，供应链管理更关注产品在由供应商、制造商、分销商、承运商和零售商组成的全球网络中的流转过程，更关注产品从原材料到成品，再到用户手中，以及逆向回收的全过程。供应链管理模式下，物流管理部门要与各级供应商、分销商、回收商、承运商等建立紧密的合作伙伴关系，共享信息，精确配合，一体化管理供应链上的关键流程，保证整体流程畅通和高效，追求供应链链上企业整体利益最优。

延伸阅读

供应链物流管理与传统物流管理的区别

在这个阶段，物流管理已经远远超出一个企业的管理范围（详见二维码），它要求与各级供应商、分销商建立紧密的合作伙伴关系，集成跨企业供应链上的关键商业流程，才能保证整个流程的畅通。只有实施有效的供应链管理，方可达到同一供应链上企业间协同作用的最大化。市场竞争已从企业与企业之间的竞争转化到供应链与供应链的竞争。在这样的背景下，美国物流管理协会于 2005 年更名为美国供应链管理专业协会，加拿大物流管理协会于 2000 年更名为加拿大供应链与物流管理协会，以适应行业的变化与发展。

第二节　物流管理理论基础

物流管理通过对物料采购、库存点设置、运输批量、运输方式、供需关系等进行集约化、协同化、一体化统筹考虑，既要保障企业运行的需要，又要降低供应链企业之间的总物流费用，以提高供应链整体的运行效益。随着供应链管理理论与实践的不断发展，物流技术的不断更新以及物流管理范围的不断扩展，物流管理的模式和方法也在不断创新，在创造经济效益和社会效益的同时，在效率、效益、韧性安全、绿色可持续性等多个维度追求卓越。

一、物流管理概念

（一）物流的概念

物流是根据实际需要，将运输、储存、装卸、搬运、包装、流通加工、配送、信息处理等基本功能实施有机结合，使物品从供应地向接收地流动。仓储是利用仓库及相关设施设备进行物品的入库、储存、出库的活动。运输是利用载运工具、设施设备及人力等运力资源，使货物在较大空间上产生位置移动的活动。配送是根据客户要求，对物品进行分类、拣选、集货、包装、组配等作业，并按时送达指定地点的物流活动。

逆向物流即反向物流是为恢复物品价值、循环利用或合理处置，对原材料、零部件、在制品及产成品从供应链下游节点向上游节点反向流动，或按特定的渠道或方式归集到指定地点所进行的物流活动。废弃物物流（Waste Logistic）是将经济活动或人民生活中失去原有使用价值的物品，根据实际需要进行收集、分类、加工、包装、搬运、储存等，并分送到专门处理场所的物流活动。

绿色物流是通过充分利用物流资源、采用先进的物流技术，合理规划和实施运输、储存、装卸、搬运、包装、流通加工、配送、信息处理等物流活动，降低物流活动对环境影响的过程。

智慧物流是以物联网技术为基础，综合运用大数据、云计算、区块链及相关信息技术，通过全面感知、识别、跟踪物流作业状态，实现实时应对、智能优化决策的物流服务系统。

应急物流是为应对突发事件提供应急生产物资、生活物资供应保障的物流活动。物资储备是为应对突发公共事件和国家宏观调控的需要，对备用物资进行较长时间的储存和保管的活动。

（二）物流管理的定义

《物流术语》（GB/T 18354—2021）中，物流管理定义为：为了以最低的物流成本达到用户所满意的服务水平，对物流活动进行的计划、组织、协调与控制。供应链管理专业协会（Council of Supply Chain Management Professionals，CSCMP）对物流管理的定义为：物流是供应链活动的一部分，是对货物、服务及相关信息从起源地到消费地有效率、有效益的正向和反向流动和储存进行的计划、执行和控制，以满足顾客要求。欧洲的英国皇家物流与运输学会（Institute of Logistics and Transport，ILT），对物流管理的定义为：对从资源供应开始到消费结束的货物实际流动的管理。美国的唐纳德·J·鲍尔索克斯在《供应链物流管理》中提出，供应链物流管理关注物流系统的设计和管理，由一系列流程和活动组成，目的是以最低的总成本在时间和空间上控制原材料、在制品和成品的库存。

虽然在不同的视角下，供应链物流管理有着不同的定义，但是仍一些共识：供应链物流管理也是一种物流管理，是物流管理的高级阶段。本书中，供应链物流管理指从供应链整体目标出发，为将产品或服务提供给最终用户，以链主企业为核心开展的一体化物流管理。

由于物流领域存在效益背反（Trad off）现象（详见二维码），必须将这些功能有机结合，进行一体化管理，才能实现物流管理的价值创造最优化。在供应链一体化管理的框架之下，物流管理的主要特点是一体化、共生型、同步化，供应链成员不是孤立地优化自身的物流活动，而是采用共生型管理模式和同步化管理手段，通过协作（Cooperation）、协调（Coordination）与协同（Collaboration），提高供应链的整体效率。

延伸阅读
物流领域效益背反现象

二、物流管理职能

理解不同的物流职能是实现物流管理一体化的基础。由于物流活动各环节高度相关，一个环节的决策将影响另一个环节的成本和效率，必须将订单处理、设施网络布局、库存管理、仓储管理、运输管理等职能工作有机结合在一起，才能实现物流管理的价值创造能力最大化。

（一）订单处理

在大多数供应链中，客户的需求都以订单的形式进行传递。订单的处理过程涉及客户需求管理的各个方面，如接收初始订单、产品交付、货物计价和结算及收款等。

延伸阅读
牛鞭效应

企业处理订单的能力直接反映了企业的物流服务能力。长期以来，人们忽视"牛鞭效应"（详见二维码）的存在，低估了信息的准确性对于实现卓越物流运作的影响。很多方面的信息都对物流运作具有极其重要的影响，其中订单处理信息显得尤为关键。信息流的快速传递有助于实现各运作环节之间的平衡，关键在于如何实现物流系统中各个组成部分之间的协调与平衡。

（二）设施网络布局

物流设施的位置及网络的整体布局与设计，对于提高运作效率具有重要影响。开展物流活动所需要的设施数量、规模大小、地理位置、交通条件等因素，将直接影响企业的服务能力和成本。设施网络设计是供应链物流管理的一项重要职责，物流设施通常包括生产仓库、流通仓库、储备仓库、联运转运设施及零售商店等。

（三）仓储管理

储存、物料搬运及包装等仓储作业，同样也是物流运作中必不可少的组成部分。

当企业将仓储、物料搬运及包装等环节有效地整合到物流运作中时，物流系统中产品流动的速度和整体畅通性都能得到明显改善。

当需要在物流系统中建立分销设施时，企业既可以委托专业的仓储公司，通常被称为第三方物流公司（Third Party Logistics，3PL），也可以自己投资建设配送中心。在制定上述战略决策时，企业必须考虑需要提供什么样的增值服务，以及企业是否有能力支持这些服务。这些增值服务包括产品分类、产品排序、订单分拣、合并运输，以及在某些情况下根据延迟策略对产品进行改装和装配等服务。

物料搬运是仓储管理中的一项重要活动。企业需要对产品进行收货、入库、存储、分拣和组装，以满足客户的要求。直接人工成本和企业对物料搬运设备的投资是物流总成本的组成部分。对产品进行搬运的次数越少，产品遭受损坏的可能性就越小。大量的机械设备及自动化设备都能辅助企业进行物料搬运。总之，仓库及其具备的物料搬运能力构成了整个物流体系中的一个小型系统。

大多数企业都面临过处理过剩库存、受损库存或瑕疵库存等逆向物流问题，仓储管理的一个重要环节是如何接收、处置和清理退货及受损库存。

（四）库存管理

企业的库存需求与其设施网络设计和预期的客户服务水平直接相关。从理论上说，为了满足所有客户的需要，企业可以在供应链的任何一个节点上存储各种类型的货物。然而，几乎没有企业会采取这种库存部署策略，因为维持大量库存会带来极高的总成本。库存策略的目标是在实现期望客户服务水平（一般称为订单完成率）的同时，尽可能降低库存量。过量的库存也许能够弥补物流系统中的某些不足，却会导致完全不必要的物流总成本。

（五）运输配送管理

运输配送是物流运作的一个重要职能，它实现了货物在地理位置上的移动及库存定位。运输配送对企业有重要影响，存在显而易见的成本，管理者会在运输配送管理上投入大量精力。一般而言，无论企业的规模有多大，绝大多数企业都设有专门的运输配送管理人员。

运输配送需求能够通过以下三种基本方法得到满足：①企业自身拥有运输配送车队；②企业与专业运输配送公司签订合同，将运输配送职能外包出去；③企业与大量运输配送公司签订服务协议，根据下游使用方客户对交货的具体需求，要求运输配送公司有针对性地提供不同的服务。

三、物流管理方法

在供应链管理框架下，物流管理从单个企业管理逐步向供应链链上企业协同管理发展，主要方法（详见二维码）有 ABC 重点控制法、经济订货批量（Economic Order Quantity，EOQ）、连续补充货物（Continuous Replenishment Program，CRP）、联合库存管理（Jointly Managed Inventory，JMI）、供应商管理库存（Vendor Managed Inventory，VMI）、寄存库存（Consignment Stock，CS）、协同式供应链库存管理（Collaborative Planning Forecasting And Replenishment，CPFR）、协同运输管理（Collaborative Transportation Management，CTM）等。

延伸阅读
物流管理方法

四、物流管理的价值创造

（一）经济效益创造原理

物流管理基于供应链信息资源共享进行物流活动协调和资源优化配置，创造服务收益，并以切合实际的服务水平将物流总成本控制在合理水平，来创造经济效益。

1. 物流创造服务收益

物流可以提高商品的附加值。在物流过程中，商品经过剪切、包装、分类、标记等流通加工环节，使得商品更加便于销售或使用，从而提高了商品的附加值。

物流可以提高企业的效率和竞争力。物流可以帮助企业实现快速准确、低成本的商品运输，从而提高企业的效率和竞争力。对于销售企业来说，如果没有物流配送能力，它的商品就无法快速送达消费者，会失去很多客户和订单。

物流可以提高客户的满意度和忠诚度。物流包含商品从企业到消费者的最后一米，它直接影响着客户的购物体验和满意度。如果物流配送快速、准确、服务周到，客户就会对企业产生好感和信任，从而提高客户的忠诚度。反之，如果物流配送慢、出现问题，客户就会对企业产生不满和抱怨，降低客户的忠诚度。

2. 物流总成本合理化

物流成本贯穿于企业经营活动的整个过程，包含产品运输、仓储作业、流通加工、产品包装、装卸与搬运、管理等成本。对物流总成本的关注可以追溯到 1956 年，美国学者刘易斯等在研究什么情况下利用高成本的航空运输比较合理时，使用了物流总成本模型概念。他们研究电子零部件分销策略时发现，在工厂与客户之间采用空运产生的高成本，被仓储成本的减少所抵消，因此得出结论：将库存集中在一个仓库并采取空运方式，可以同时实现较为满意的客户服务和最小化的物流总成本（详见二维码）。

延伸阅读

供应链管理
降低物流总成本

物流服务水平与物流成本之间存在背反现象，企业必须将合理的物流总成本与优质的客户服务水平统筹考虑，在供应链管理框架下，经过数字化赋能，重构物流组织方式，通过资源整合、流程优化和组织协同，实现企业之间的生产要素和资源条件的优化配置、有序协同、提高效率，以科学合理的物流总成本达到切实可行的客户服务水平。

3. 物流经济价值的产生

企业开展物流管理，通过对物流环节的优化和协调，可以帮助企业提高商品附加值，降低物流成本和风险，提高物流效率，同时也可以提高客户满意度和企业形象，为企业自身创造经济效益，实现可持续发展。

供应链框架下的物流管理不但能够加强企业自身的核心竞争力，它还将供应链上成员企业的各种优势资源进行合理的配置与协调，从而确保供应链整体效率最高、效益最优。

（二）社会效益创造原理

物流是现代经济的重要组成部分，它可以促进商品的流通和交换，从而促进经济的发展和社会的进步。现代物流业通过低成本、高效率、强辐射的物流服务，引领供应链、产业链、价值链跨区域融合发展，横向串接牵引供应链全过程、纵向贯通产业链全链条、全面融入价值链全生态，积极引导产业跨区域布局和均衡化、一体化发展，成为促进上下游产业联动发展、经济高质量发展的有效手段。随着新理念、新技术、新模式的应用，物流管理带来的社会效益日益突显。

（1）技术创新和应用引领物流行业升级。在技术装备层面，无人配送车、智能物流柜在物流末端配送中发挥重要作用，助力解决"最后一公里"难题。在物流设施层面，物流园区、物流中心、物流仓库通过加大智能化改造，使得传统物流设施与新基建融合发展，智慧园区、数字仓库和智能仓储设施升级换代。在系统软件层面，物流企业加快系统升级，从管理信息化向业务在线化和数字化跃迁，一批信息技术服务商面向中小企业提供系统中台，助力中小企业"上云用数赋智"。"上云"重点推行普惠性云服务支持政策，"用数"是更深层次推进大数据融合应用，"赋智"重点支持企业智能化改造。

（2）物流与产业融合助力制造业向产业链中高端迈进。现代物流是产业链供应链的重要环节，现代物流与先进制造融合发展是提升产业链竞争力、增强供应链控制力的有效途径。2020年，国家发展改革委、工业和信息化部等13个部门联合印发《推动物流业制造业深度融合创新发展实施方案》（发改经贸〔2020〕1315号），推进物流业与制造业在五大关键环节、六大重点领域实行全方位融合创新。越来越多的制造企业主动深化与物流企业在设施改造、流程优化、信息对接和标准规范等方面的战略合作，物流助力制造业向产业链中高端迈进。

（3）绿色物流助力"双碳"目标实现。物流行业作为移动源能源消耗和碳排放的重点领域日益受到重视。2023年初，工业和信息化部、交通运输部等八部门组织开展公共领域车辆全面电动化先行区试点工作，提出试点地区邮政快递、城市物流配送领域，新增及更新车辆中新能源汽车比例力争达到80%。目前，3批共71个城市入选绿色货运配送示范工程创建城市，新能源货车成为推广亮点。运输结构调整继续推进，海铁联运、集装箱多式联运比例逐步扩大。绿色仓储被纳入《绿色产品指导目录》，仓储企业利用太阳能光伏发电设备，提升碳减排能力。快递企业推动绿色包装应用，快递包装减量化、标准化、循环化水平稳步提升。托盘标准化和循环共用有序推进，有效提升物流转运效率。

（4）物流网络增强产业链供应链韧性和安全。先进的供应链服务企业加强资源全球配置和整合，构建更具客户依赖性和抗风险能力的协同运作组织，构建全球供应链物流服务网络，支撑关键原材料、重要商品和零部件等的全球供应链履约服务，增强供应链韧性。同时，加强应急物流能力建设，加快物流基础设施嵌入应急物流功能，制定应急方案、配备物流资源，提高应急响应速度和资源共享能力，保障经济产业安全发展。

五、物流管理的价值主张

传统的物流管理价值主张是用最低的成本提供期望的服务。当前的物流管理价值主张则变得非常复杂，它至少在效率、效益、韧性安全和绿色可持续性四个维度上同时追求卓越。效率指的是准时将需要的产品配送给客户指定地址的能力。效益指的是用合理的总成本将产品配送给客户的能力，总成本包括采购、仓储、库存、运输、配送、信息、管理等方面的成本。韧性与安全指的是当环境、市场、客户需求发生变化时，供应链的响应能力和断链后恢复能力。当前不稳定性、不确定性风险日益突出，如何维护好、保障好供应链的安全稳定，已成为共同关切的内容。绿色可持续性是指企业在物流活动中，要注重资源节约、环境友好和社会责任，以实现长期稳定的发展，主要包括绿色化发展措施、环境保护与治理，以及社会责任与承诺。

第三节　物流政策导向

《"十四五"现代物流发展规划》（国办发〔2022〕17号）出台，明确要构建"供需适配、内外联通、安全高效、智慧绿色"的现代物流体系。《"十四五"现代物流发展规划》成为行业高质量发展的纲领性文件。各有关部门按照职责分工，针对绿色物流、应急物流、商贸物流、道路货运、民航物流、多式联运、产业链供应链等领域出台指导意见。

一、主要综合性物流政策

2018年12月25日，国家发展和改革委印发《国家物流枢纽网络布局和建设规划》（发改经贸〔2018〕1886号），《国家物流枢纽网络布局和建设规划》提出，到2025年布局建设150个左右国家物流枢纽；到2035年，基本形成与现代化经济体系相适应的国家物流枢纽网络，实现与综合交通运输体系顺畅衔接、协同发展，物流规模化、组织化、网络化、智能化水平全面提升，铁路、水运等干线通道能力充分释放，运输结构更加合理。《国家物流枢纽网络布局和建设规划》还结合"十纵十横"交通运输通道和国内物流大通道基本格局，选择127个城市作为国家物流枢纽承载城市，规划建设212个国家物流枢纽，包括41个陆港型、30个港口型、23个空港型、47个生产服务型、55个商贸服务型和16个陆上边境口岸型国家物流枢纽。

2022年12月15日，国务院印发《"十四五"现代物流发展规划》（国办发〔2022〕17号），描绘出中国式现代物流体系建设的宏伟蓝图，是中国现代物流领域第一份国家级五年规划。《"十四五"现代物流发展规划》提出，到2025年，基本建成供需适配、内外联通、安全高效、智慧绿色的现代物流体系，物流创新发展能力和企业竞争力显著增强，物流服务质量效率明显提升，"通道+枢纽+网络"运行体系基本形成，安全绿色发展水平大幅提高，现代物流发展制度环境更加完善。《"十四五"现代物流发展规划》作出六方面工作安排：加快物流枢纽资源整合建设、构建国际国内物流大通道、完善现代物流服务体系、延伸物流服务价值链条、强化现代物流对社会民生的服务保障、提升现代物流安全应急能力。

二、相关专业性物流政策

2021 年 3 月 30 日,《商务部等 8 单位关于开展全国供应链创新与应用示范创建工作的通知》(商流通函〔2021〕113 号)推动企业环境和碳排放信息公开,引导督促企业选择绿色供应商,实施绿色采购,针对重点行业积极打造绿色供应链;提高仓储物流设备自动化、智能化建设水平,优化仓储作业流程,合理调度运输车辆,优化路径,减少车辆空载,推广共同配送、单元化载具循环共用等运作模式,推动物流链降本增效;推广利用绿色包装。

2021 年 8 月 10 日,商务部等 9 部门联合印发《商贸物流高质量发展专项行动计划(2021—2025 年)》(商流通函〔2021〕397 号)提出"发展绿色仓储,支持节能环保型仓储设施建设"。GB/T 41243—2022《绿色仓储与配送要求及评估》、GB/T 41242—2022《电子商务物流可循环包装管理规范》、SB/T 11164—2016《绿色仓库要求与评价》等行业标准的出台,对绿色仓储、配送和包装起到了规范和引领作用。

2021 年 10 月 26 日,国务院印发《2030 年前碳达峰行动方案》(国发〔2021〕23 号),交通运输绿色低碳行动纳入"碳达峰十大行动"之一。重型柴油货车国家第六阶段排放标准正式实施,新能源汽车换电模式应用试点启动,氢能产业示范区带动燃料电池车辆商业场景打造,光伏产业推广利用仓库屋顶太阳能发电获得支持,绿色低碳倒逼物流产业转型升级。

2022 年 1 月 17 日,国家发展和改革委、商务部、工业和信息化部等 7 部委联合印发的《关于加快废旧物资循环利用体系建设的指导意见》(发改环资〔2022〕109 号)提出,到 2025 年建成绿色分拣中心 1000 个以上。再生资源加工利用行业,集聚化、规模化、规范化、信息化水平大幅提升。废钢铁、废铜、废铝、废铅、废锌、废纸、废塑料、废橡胶、废玻璃 9 种主要再生资源循环利用量达到 4.5 亿 t。二手商品流通秩序和交易行为更加规范,交易规模明显提升。

2022 年 2 月 14 日,国务院印发《"十四五"国家应急体系规划》(国发〔2021〕36 号),以"人民至上、生命至上"为理念,以"推动高质量发展"为主题,以"防范化解重大安全风险"为主线,从应急指挥体系、风险防范化解机制、应急救援力量、应急物资保障体系等六方面推进应急体系和能力现代化建设。抓住"防"、紧盯"救",健全完善应急物资保障体系,建立中央和地方、政府和社会、实物和产能相结合的应急物资储备模式。

2022 年 10 月 11 日，应急管理部、国家发展和改革委、财政部、国家粮食和储备局联合印发《"十四五"应急物资保障规划》，对"十四五"期间应急物资保障工作作出全面部署。五项主要任务包括：完善应急物资保障体制机制法制、提升应急物资实物储备能力、提高应急物资产能保障能力、强化应急物资调配能力、加强应急物资保障信息化建设。六项重点建设工程项目包括：应急物资储备项目、应急物资储备库建设工程、应急物资保障标准项目、应急物资产能提升工程、应急物资调配运送现代化工程、应急物资管理信息化建设工程。

第四节　物流管理趋势

数字经济是未来较长一段时期内中国现代物流实现赶超的必由之路。一些领先企业聚焦智慧物流发展，以数字化转型为抓手，加大数字物流基础设施建设，实现物流运营全面线上化。开发面向中小微物流企业的云平台、云服务，引导企业向云端跃迁。以智能化改造为手段，推进新一代信息技术和设施设备在物流领域应用，大力发展智能驾驶、无人配送、无人货机、无人码头等无人化技术装备。分类推动传统基础设施改造升级，重视智慧园区、智慧枢纽、智能仓储基地等新型基础设施建设。以网络化升级为方向，推动网络货运、即时物流等平台经济健康发展，促进物流信息互联互通、物流资源共享利用，培育物流新业态。2017 年，《国务院办公厅关于积极推进供应链创新与应用的指导意见》（国办发〔2017〕84 号）发布以来，以国家电网公司、华为技术有限公司、上汽通用汽车有限公司、中国物资储运集团有限公司、中铁物贸集团有限公司等为代表的供应链创新与应用示范企业，响应国家双碳战略，围绕供应链的上下游关联企业，采用新理念、新技术、新模式，着力打造"绿色低碳、数智驱动、协同共享"的智慧物流新生态，引领供应链物流创新发展，为推动中国式现代物流体系（详见二维码）建设做出贡献。

延伸阅读

现代物流体系的构成

一、物流管理新理念

绿色低碳发展成为共识。物流行业作为碳减排的重点领域之一，对中国实现"双碳"目标影响深远。发展绿色物流是构建高质量现代化流通体系的必然要求，也是实现行业可持续发展的根本之策。

上下游融合不断加深。供应链上下游企业主体之间、业务流程之间、信息数据之间、设施设备之间、标准规范之间不断加深融合，企业间签订长期合同，建立战略合作伙伴关系，从简单的招投标模式向战略型采购转变，从传统物流管理向供应链物流管理转变，形成企业间风险共担、利益共享的融合发展新格局。

一体化管理深入实施。物流管理的一体化不仅指企业内部物流管理的一体化，也包括企业内部和外部的一体化。大型企业特别是链主企业的物流管理正向供应链上下游延伸，从传统的物资采购、运输管理、仓储配送管理，逐步向生产物流、物资回收等环节延伸，实施全程一体化、集约化管理。

二、物流管理新技术

数字化技术应用日益普及。大数据、云计算、物联网、移动互联网、人工智能、边缘计算、区块链等（简称"大云物移智边链"）数字化技术应用，大大加速了现代物流业向数字化、智能化发展进程，为开展物流需求预测、影响因素分析、发展战略决策、供应链风险评估和控制、产品全供应链全寿命周期管理等提供了有力支撑。在设施（包括物流枢纽、物流园区、货运场站等物流节点）运营环节，智能运营规则管理、仓库选址、布局设计、库存优化、车货匹配等技术应用日益广泛。在运输优化环节，运输网络规划、车辆路径优化、智能调度、多式联运衔接等技术越来越受重视。在车辆环节，辅助驾驶、自动驾驶、车辆定位、行车安全等新应用日益广泛。

智能化设备使用日益广泛。在干线运输环节，无人飞机、无人轮船、无人铁路货车、无人卡车等彻底改变了干线运输格局；在"最后一公里"配送环节，小型无人机、快递机器人、可穿戴外骨骼设备等突破了人工的体力局限；在末端接收环节，智能快递柜等使配送时间窗口大幅延长；在货物环节，产品跟踪溯源、冷链温度控制、货物标签与识别等技术手段日臻成熟；在仓储环节，机器人与自动化或半自动化输送分拣系统、可穿戴设备、无人驾驶叉车、货物识别等技术，驱动仓储向智能化转型。

三、物流管理新模式

物流资源共享助力降本增效。物流资源共享模式是指通过物流信息资源、物流基础设施、物流配送资源、物流技术与装备资源等诸多物流资源共享，促进资源优化配置、重构供需结构、降低物流成本、提升系统整体效率乃至推动物流系统转型升级的物流模式。在物流管理实践中，企业与供应商、服务商、用户等，通过共享仓储资源、数据信息、运输资源等，促进供应链链上企业总体降本增效。

网络货运平台扩充运力资源。网络货运是在道路货运"无车承运人"的基础上发展而来，是指经营者依托互联网平台整合配置运输资源，以承运人身份与托运人签订运输合同，委托实际承运人完成道路货物运输，承担承运人责任的道路货物运输经营活动。企业通过网络货运平台，可以高效整合社会运力资源，为企业物流服务。

四、物流管理新生态

链主企业引领提升供应链韧性和安全水平。为增强供应链韧性与安全，许多企业增强物流网络多元化，寻求备份供应商，加大投资进行自主研发。龙头企业充分发挥供应链链主的引领带动作用，培养潜在供应商，与关键供应商开展联合研发、定向生产，实现了核心部件国产替代的新突破；针对国际竞争压力和风险挑战，构建关键原材料、重要商品等全球供应链物流体系，保障产业链供应链韧性和安全水平。

公共综合服务平台推动形成共享开放生态圈。一些优秀的物流管理企业在为自身服务的基础上，充分发挥经验优势，并整合内部外部资源，为中小微企业提供一体化全流程综合物流服务，让供应链上下游产生更多链接，实现供应链各节点企业在各环节的高效协同、资源共享和互利共赢，极大推动共享开放的供应链生态圈建设。

第二章

国家电网公司现代物流体系

国家电网公司全面贯彻国家现代物流发展战略，深入研究行业发展趋势，聚焦推动公司和电网高质量发展，以"全链条保障物资精准供应、全要素支撑电网建设运营、全场景服务公司高质量发展、全方位提升产业链供应链安全稳定"为目标，以"物力资源集约化、业务联通数字化、仓储物流绿色化、组织管控一体化"为导向，以"仓储体系一体化、实物资源一本账、运输配送一张网、废旧处置一站式、应急保障一盘棋"为业务架构，建设以"一体化协同、数智化驱动、绿色化生态"为主要特征的"4453"（四全目标、四化导向、五个一架构、三大特征）现代物流体系，全力服务国家战略、行业发展和企业提升。

第一节　总　体　思　路

国家电网公司坚持围绕中心、服务大局、继承创新、协同推进，以绿色现代数智供应链建设运营为统领，建设"一体化协同、数智化驱动、绿色化生态"的现代物流体系，对内协同贯通、对外开放共享，全链条保障物资精准供应、全要素支撑打造电网建设运营、全场景服务公司高质量发展、全方位提升产业链供应链安全稳定，如图 2-1 所示。

一、发展目标

（一）全链条保障物资精准供应

以保障电网建设运营为首要任务，强化供需协同，发挥链主作用，将供应链上下游的原材料、零部件、最终产品和电网物资需求无缝衔接，优化应急物资保障机制，提升物流资源整合、管控、统筹、调度能力，打造连接生产、服务电网的敏捷高效、畅通韧性的电网企业物流体系，为电网健康高效运营提供坚强的物资保障。

（二）全要素支撑电网建设运营

以现代物流数字化、智能化升级助力电网建设运营，提升现代物流统筹布局、数智物流创新发展、绿色物流低碳引领能力，促进链上物流协同共赢。依托电力物流服务平台（Electrical Logistics Platform，ELP）开展运输监控和配送规划，汇聚运力数据资源，打通多式联运物流网络，提升物流运营效率和管理效能。落实实物 ID 贯通项目编码、工作分解结构编码、物料编码、设备编码、调度编码、资产编码及废旧物资编码的"一码贯八码"应用，推进赋码物资全链线上作业。推动"数字型、自动型、

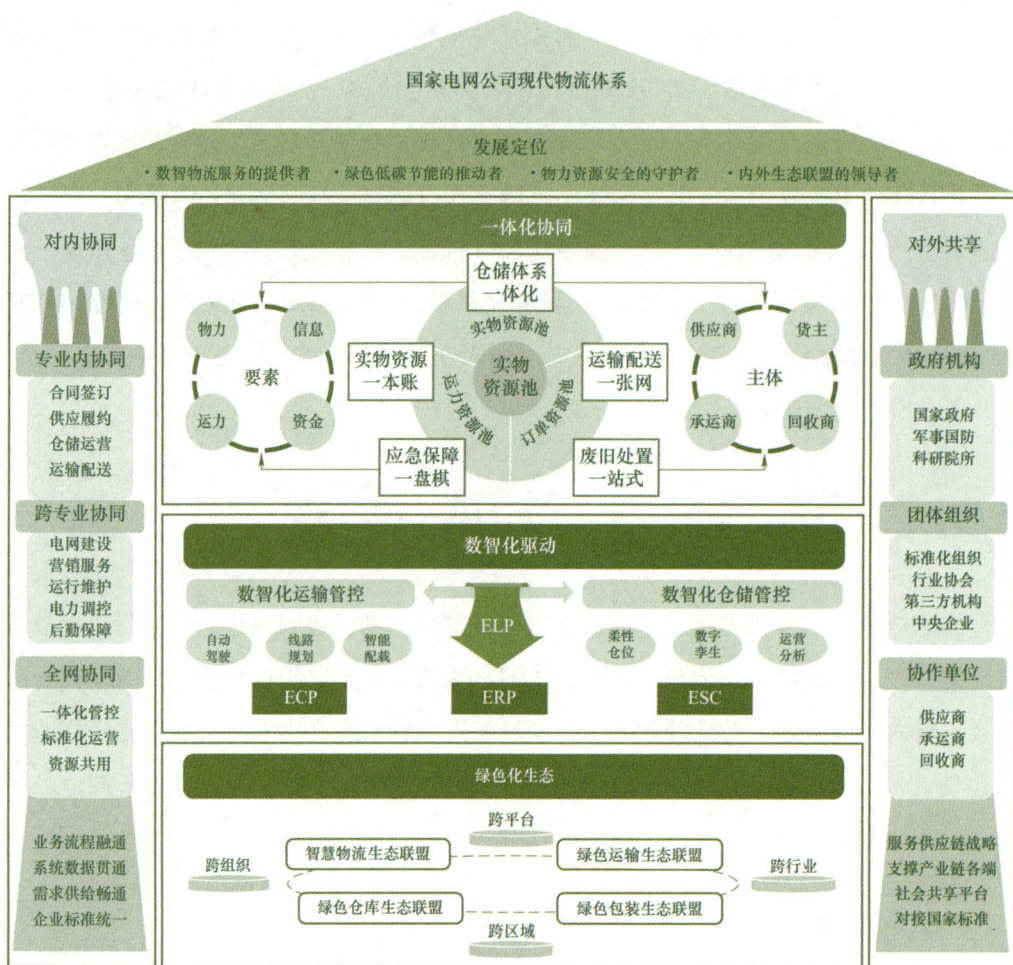

图 2-1　国家电网公司现代物流体系架构图

智能型"三型仓库建设，差异化配置技术设备，实现数字型仓库全覆盖、自动型仓库关键环节机械代人、智能型仓库全业务场景贯通融合，为电网建设运营提供全要素的数智物流支撑。

（三）全场景服务国家电网公司高质量发展

突出主责主业，服务国家电网公司和电网高质量发展，物流数字化转型取得显著成效，智慧物流应用场景更加丰富。深化 ELP 应用，围绕运输监控、配送管控、物流装备、绿色包装等内容，建立完善的电力物流标准体系。引导物流、制造、金融、信息等产业资源在平台上聚集，打造物流生态圈，为内外部企业创造共生共赢的商业价值。推动物流运力资源与数据资源面向社会共享共用，为政府机构、各行企业查询和组织物流活动提供便利，为社会提高物流资源配置效率提供支撑服务。

（四）全方位提升产业链供应链安全稳定

建立国家电网公司自主可控、安全稳定的现代物流体系，强化物流网络基础设施和信息安全保护，加强"资源保障、应急响应、专业协同、体系运转"四种能力建设，拓展实物储备、协议储备、订单资源、产能运力等全量"物力资源池"，强化资源统筹调配，加强专业协同联动，构建"平战结合、储备充足、反应迅速、抗冲击能力强"的应急物流体系，持续提升应对各类自然灾害及突发事件的物资快速响应能力，为电网安全运行及供电优质服务提供坚强支撑。

二、主要特征

（一）一体化协同

通过贯通生产制造、仓储运作、实物调配、运输流通、废旧处置等环节，有效整合国家电网公司内外部仓储、实物、运输等资源，将物资需求与供应高度匹配，构建适应国家电网公司经营发展和电网建设的现代物流运行模式。在仓储管理方面，通过物资库与专业仓联动，专业仓与业务工单联动，以及物资领料与投资进度、入账进度、建设进度有机融合，实现工程建设与物资保障一体化。在实物管理方面，实时汇集共享国家电网公司内部实物资源、协议库存资源、合同订单资源，国家电网公司外部供应商库存资源，实现全量实物资源管理一体化。在运输配送方面，构建供应商运输交付、第三方物流或自有运力转储配送物流模式，实现生产制造、物资运输配送、工程建设一体化。在废旧处置方面，通过贯通项目拆旧计划与报废物资处置计划，打造电网物资再生资源交易专区，深化逆向物流应用，实行项目拆旧与报废处置一体化。在应急物流方面，优化全网资源统筹、应急物资调配、物流过程监控等保障机制，统筹调度全域资源，实行应急物流保障一体化。

（二）数智化驱动

通过物联网、人工智能、5G 通信等技术及供应链一体化平台建设应用，实现信息采集、业务办理、现场作业、运营管理的数字化和智能化，提升企业数智化水平。

（1）在仓储管理方面，通过应用自动化、无人化、智慧化技术装备及自动感知、自动控制、智慧决策等智慧管理技术，实现作业机械代人、过程数字可视、管理规范精益、运转智能绿色，为绿链高效运营提供坚强的仓储支撑保障。

（2）在实物管理方面，通过实物 ID 贯穿全业务链，精准归集资产全供应链全寿命周期关键信息，实现资产全供应链全寿命周期管理。依托供应链运营调控指挥中心

（Enterprise Supply Chain Center，ESC），汇聚物资库、专业仓、供应商库存等全量数据，构建全量实物数字资源池，实现信息共享，精准支撑供应需求。

（3）在运输配送方面，以 ELP 作为国家电网公司现代物流体系业务实施统一平台，打通链上物资、物流数据及业务关联堵点及断点，形成更为完善的物力数据资源池。应用信息感知、采集等物联技术和装置，实现物流业务数字化，提供线路规划、智能配载等服务，实现运输过程的自动化和智能化管理。在废旧处置方面，关联拆除计划、移交退库等环节，实现废旧物资全链条线上管控。通过电子商务平台再生资源交易专区，实现报废物资高效处置。

（4）在应急物流方面，贯通应急指挥平台（Emergency Command System，ECS）与供应链运营平台，依托 ELP、应急物流管理工具、应急保障 App 等，实现应急物资需求计划提报、审核、匹配寻源、收发货与配送全链条业务线上实施，高效保障应急物资供应。

（三）绿色化生态

通过跨组织、跨平台、跨区域、跨行业的合作共享，建立绿色仓储、绿色运输、绿色处置生态联盟，推动绿色物流理念的普及和实践，促进资源共享和物流行业可持续发展。

（1）在绿色仓储方面，仓库建设秉持绿色设计理念，提高土地利用率、采用节能规划、使用节能材料，最大限度地节约资源、保护环境和减少污染；建设屋顶分布式光伏、配置绿色环保作业设备和智能控制系统降低能源消耗，构建绿色用能体系；应用绿色自动化仓库技术设备和工器具，优化设备使用频率，在仓储作业过程中实现低碳运营；运用大数据、物联网等技术和能源监测控制系统，对人员、设备、物料、环境全方位主动监测，对能源分配利用进行调控，实现能源智慧运行管理。

（2）在绿色运输方面，围绕电力物资建立绿色运输、绿色包装标准，采用新能源货车、无人机等绿色运具，可循环电缆盘、仓储笼、托盘等绿色容器，开展绿色化运输配送业务；构建物流碳排模型，通过车辆装载优化、路径优化、多式联运、协同配送等降碳策略，构建具有国网特色的物流零碳网络，推动电力物流减排降碳。

（3）在绿色处置方面，对鉴定可用的废旧物资，入库后做好保管保养，纳入可利库资源池，开展跨单位、跨专业、跨项目盘活利用，实现再利用处置；对鉴定不可用的废旧物资，通过绿色拆解分拣中心进行拆解破坏处理，有价值材料进行拆解回收处置，有害物质进行循环净化再利用或无害化处理。

第二节 业 务 架 构

国家电网公司建立涵盖仓储库存、运输配送、绿色处置、应急保障全过程的现代物流体系，通过"仓储体系一体化、实物资源一本账、运输配送一张网、废旧处置一站式、应急保障一盘棋"的管理，推动物流体系高标准建设、高质量运营，如图2-2所示。

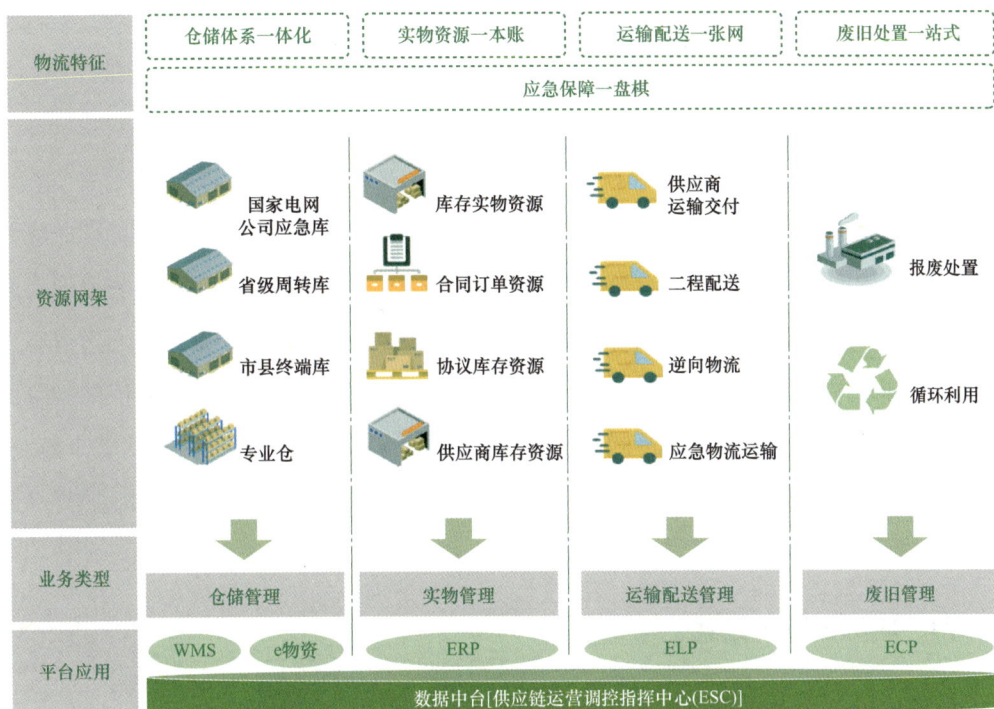

图2-2 国家电网公司现代物流体系业务架构

一、仓储体系一体化

科学规划仓储网络布局是建设现代物流体系的前提。国家电网公司将仓储布局与电网发展相匹配，聚焦仓储体系一体化管理，加强区域协同联动，推进省、市、县仓储网络扁平化、智能化发展，因地制宜地将仓储管理延伸至乡镇供电所、变电站和一线生产班组，形成"国网应急库–省周转库–市县终端库＋专业仓"的仓储网络架构，打造既满足物资快速供应又符合仓储效益最大化的仓储布局，提升电网物资"供应最后一公里"的响应速度。国家电网公司拓展接入供应商及主要组部件二级供应商仓储信息，强化仓储网络韧性，构建布局合理、功能完善、匹配供需的仓储体系，为国家电网公司物流体系的高效运作奠定坚实基础。

二、实物资源一本账

深化"实物资源一本账"管理，依托国家电网公司总部、省公司两级供应链运营调控指挥中心，统筹各级物资库、专业仓、项目现场物资及供应商库存等实物数据，按照"实物分散、信息集中、台账统一"原则，构建全量实物数字资源池，推动资源共享共用，确保全域资源实时可查、可视，为物资供应调配、库存水平管理、资源盘活利用、应急物资保障等工作提供数据基础，提升供应链资源配置效率和能力。

三、运输配送一张网

电力物流以满足电网生产经营需求、提高物流效率、降低物流成本、降碳脱碳为目标，充分发挥仓配网络一体化运营优势，构建供应商运输交付、第三方物流或自有运力转储配送物流模式，补齐物流短板，精准满足电力生产建设需要。打造国内首个电力物流服务平台，提供运输监控、资源统筹、智能调度、路径规划、智能配载等生产运输一站式服务，加强多方协同，实现运力资源的高效调度。建立应急状态下航空、铁路、公路、水运等多元组合、多式联运模式，保障产业链供应链物流"大动脉""微循环"运行畅通。

四、废旧处置一站式

国家电网公司着力提升闲废物资处置管理"四化"（精益化、规范化、绿色化、数字化）水平，围绕计划管理、鉴定报废、拆除回收、移交保管、价值评估、网上竞价、资金回收与实物交接等内容，建立一套精益高效、集约统一的废旧物资处置体系。深化一站式服务，建成国内领先的电网物资再生资源交易专区，具备资质的回收商注册数量达 2000 余家，年平均交易量突破 60 亿元，电网废旧物资交易行为更加规范。统筹布局绿色拆解分拣中心建设，探索循环再利用处置方式，全面提升资源利用效率，助力实现碳达峰碳中和目标。

五、应急保障一盘棋

国家电网公司加快构建"平战结合、储备充足、反应迅速、抗冲击能力强"的应急物流体系。通过实物 ID 一码贯通，汇聚实物流、业务流数据（"一码双流"），强化跨专业数据共享，推动供需紧密协同。坚持全网"一盘棋"，创新应急物资保障"分层支援＋对口指导"机制，"由近及远"实施跨省物资统筹调配支援。应用全域实物资源池，实现全网资源"一本账"可查、"一张图"可视、"一键式"调配，全面提升资源保障、应急响应、专业协同、体系运转四种能力，有力应对 2020 年"7·20"河南特大抗洪救灾、2022 年"9·5"四川甘孜泸定地震、2023 年多区域防汛救灾等应急物资保障攻坚任务，为电网稳定运行和能源安全提供更强韧性的物流支撑保障。

第三节　业务支撑保障

国家电网公司通过构建横向协同、纵向贯通的组织体系，建立国家电网公司总部和省公司两级联动的工作机制，推进物流数字化应用，推动物流体系不断创新升级，有力支撑新型电力系统建设及国家电网公司高质量运营。

一、组织体系

国家电网公司通过不断完善物流体系业务组织架构，形成"物资部统一管理、物资公司业务支撑、专业部门横向协同，以及总部、省、市、县纵向贯通"的物流业务组织体系，进一步明确各方职责分工，推动业务高效运作，为现代物流体系建设提供可靠的组织保障，如图 2-3 所示。

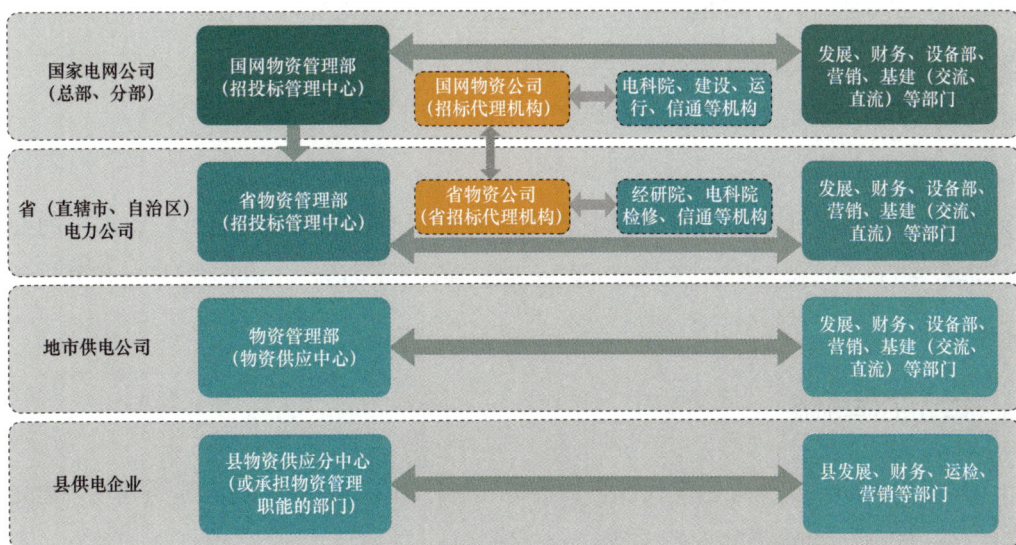

图 2-3　国家电网公司现代物流体系组织架构

（一）总部层面

国网物资管理部（国网招投标中心）是国家电网公司物流业务的归口管理部门，负责制定国家电网公司物资仓储配送管理制度、标准和其他规范性文件，规划国家电网公司仓储配送网络，整合仓储配送资源，推进现代物流体系建设。负责国家电网公司仓储配送资源的集中管控，仓储配送管理及信息统计分析等工作。国网物资公司在国网物资管理部（国网招投标中心）的业务管理下，承担国家电网公司现代物流建设的具体实施工作，负责协调国家电网公司系统重大履约问题，实施跨省物资调配，协助物资管理部开展国家电网公司仓储网络规划建设运营、应急及废旧处置等工作。

（二）省公司及直属单位层面

省公司物资管理部是本单位物流业务工作的归口管理部门，其主要职责是负责本单位仓储配送网络规划、仓储配送资源的整合和现代物流体系建设及推进。省物资公司在省公司物资管理部的业务管理下，承担本单位物资物流业务的具体实施工作，负责省公司直管仓库的管理工作，跨地（市）物资调配工作，协助省物资管理部开展国家电网公司仓储网络规划建设及配送、应急及废旧处置等工作。直属单位参照省公司物资仓储配送、应急及废旧物资管理模式，开展本单位的物资仓储配送、应急及废旧物资管理工作。

（三）地市公司层面

地市公司负责本地市仓储配送资源的集中管控和仓储配送管理工作，接受省公司物资部的业务管理，按照省公司统一规划，建设本地市仓储配送网络，整合仓储配送资源，负责本公司应急物资储备管理、废旧物资处置管理，负责指导、监督和检查地市供电企业和县供电企业仓储配送管理工作。

（四）县公司层面

物资供应分中心（或承担物资管理职能的部门）接受地市公司物资管理部的业务管理，负责本单位仓库管理、应急物资供应保障、废旧物资处置管理等工作的具体实施。

二、工作机制

国家电网公司实施绿色现代数智供应链发展行动，推进现代物流体系建设，建立总部统一管理、各单位分级实施、资源全量统筹、应急快速响应、对内信息共享、对外合作共赢的工作机制，保障物流体系高效运转，如图2-4所示。

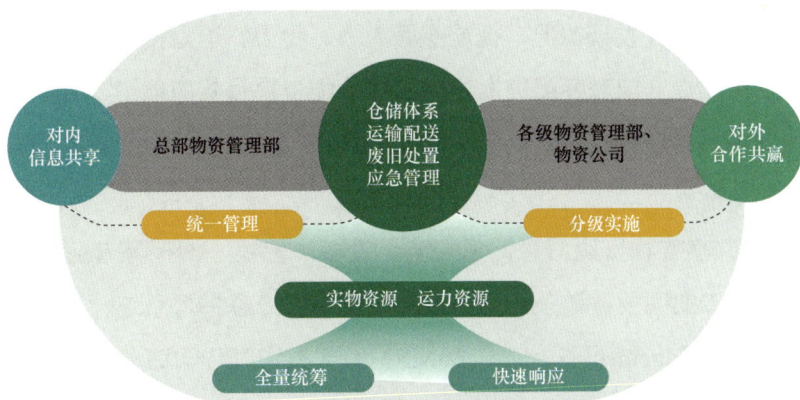

图 2-4　国家电网公司物流管理工作机制

（一）统一管理

深化绿色现代数智供应链应用，推动实物资源的科学调配和高效利用，依据国家有关法律法规及国家电网公司物流业务实际，制定了《国家电网有限公司供应链管理通则》《国家电网有限公司实物资源管理办法》《国家电网有限公司废旧物资管理办法》《国家电网有限公司应急物资管理细则》等规章制度，统一物流业务管理流程及标准，推动全网物流业务标准化。

（二）分级实施

构建"国网应急库－省周转库－市县终端库＋专业仓"仓储网络架构，建成国家电网公司总部、省公司、市县公司三级物资调配体系，国家电网公司各级单位在总部的统一管理基础上，实行归口管理、分级负责的工作机制，分级实施仓储网络、实物资源、运输配送、废旧处置等管理，推动国家电网公司现代物流体系高效运转。

（三）资源统筹

依托 ESC 汇聚国家电网公司物资库、专业仓、工程现场等实物资源信息，接入链上企业实物储备、寄存物资信息，构建分散储备、信息集中的全量实物资源池，确保全域资源实时可查、可视，实现跨专业实物信息全贯通，促进跨层级、跨专业、跨省、跨电工电气制造企业资源统筹及利用。通过构建全网资源"一盘棋"格局，实现供需精准对接，实物资源统筹调配，有效提升供应链资源配置效率和水平。

（四）快速响应

按照"统一指挥、分级负责、属地为主"的原则，建立总部、省、地市三级应急物流保障组织体系。通过预警监测、应急预调、研判会商、统一指挥、分级响应的工作机制，构建"平战结合、储备充足、反应迅速、抗冲击能力强"的应急物流保障体系，密切跟进预警事件发展情况，提前部署人力、物力、运力资源，形成应急物流保障强大合力，持续提升应对各类突发事件的应急物资快速响应能力，为电网安全运行及供电优质服务提供坚强支撑。

（五）信息共享

通过 ESC 共享实物资源信息，为安监、设备、营销、调控等专业提供实时实物资源信息，打通专业间业务链条，推进 ESC、新一代应急指挥系统、智慧仓储管理系统（Warehouse Management System，WMS）间数据实时传输联动，实现物资需求计划提报、审核、物资匹配寻源、发货、配送、收货全链业务线上实施，过程留痕追溯。

（六）合作共赢

发挥现代物流体系示范引领作用，统一物流标准，加强标准成果开放共享与市场供给，引领电力物流生态圈服务水平提档升级。通过整合内外部资源，深入推进全链协同，进一步提升产业链供应链整体效益，形成高质量协同发展的全新供应链物流生态圈，达成合作共赢目标。

三、数字化支撑

应用"大云物移智边链"技术，构建以电子商务平台（E-Commercial Platform，ECP）全流程实施、企业资源管理平台（Enterprise Resource Planning，ERP）业务协同贯通、电工装备智慧物联平台（Electrical Equipment Intelligent IOT Platform，EIP）在线质量管控、电力物流服务平台（Electrical Logistics Platform，ELP）运输统筹监控、"e 物资"移动应用和供应链运营调控指挥中心（Enterprise Supply Chain Center，ESC）智慧运营决策为核心的一体化供应链平台，打造一站式门户，推动物流业务数字化实施，如图 2-5 所示。

（一）电子商务平台

电子商务平台是国家电网公司招投标及供应链统一管理平台，集成了技术标准、专家管理、供应商管理及服务、废旧物资处置等业务执行及管理。物流业务运用电子商务平台再生资源交易专区，全面支撑各单位报废物资网上竞价标准化、规范化、高效化开展。同时，国家电网公司也在积极拓展跨行业、跨集团平台共享应用，为企业提供第三方竞价拍卖服务，以取得较好的社会及经济效益。

（二）企业资源管理系统

企业资源管理系统是国家电网公司统一资源管理平台，其中物资管理模块作为仓

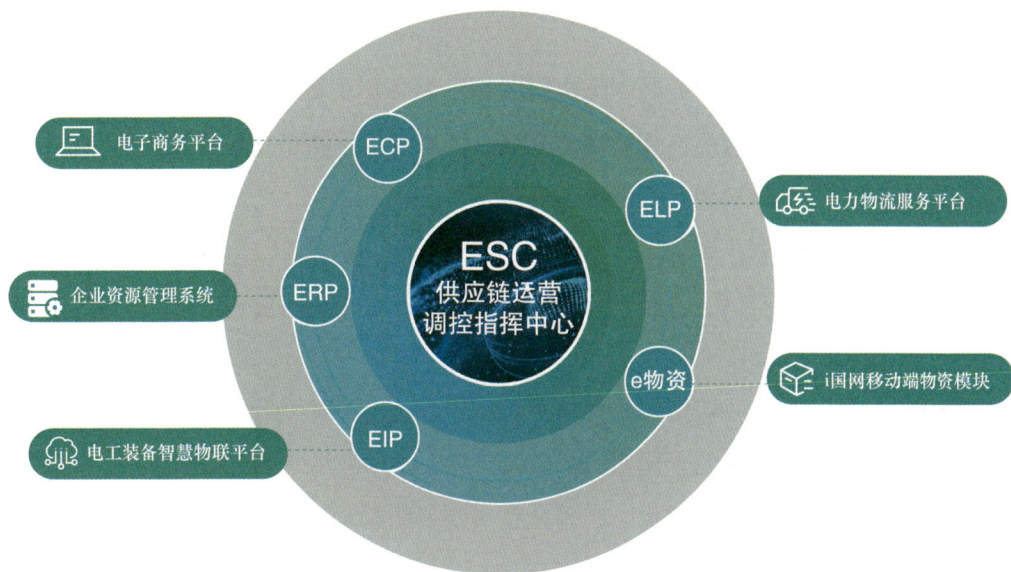

图 2-5　国家电网公司物流管理数字化支撑

储物流管理主要系统，内部专业与 ECP、EIP 和 ELP 紧密集成，实施库存管理、仓库管理功能等物流业务，并与生产、财务、营销等企业内部业务协同运作。

（三）电工装备智慧物联平台

电工装备智慧物联平台以电工装备制造业数据全网互联共享为核心，利用大数据、云计算、物联网和人工智能等新技术，实现对电工装备供应商物联数据和业务数据的智能感知、协同交互、共享汇聚和分析应用。对外与供应商生产系统进行数据集成获取供应商生产、订单等信息，对内与 ECP、ELP 等系统进行数据集成，实现订单、合同、生产、物流等的数据交互，监控生产进度及供应商侧库存。

（四）电力物流服务平台

电力物流服务平台是聚合内外部的物力资源、仓储资源、服务资源和信息资源，构建面向全社会的第四方共享服务平台。平台主要包含运输在线监控协调、运力供需在线互联、数据信息挖掘应用三大功能模块，为内外部用户提供运输监控、物资配送、供需对接、资源共享等综合服务。

（五）"e 物资"

"e 物资"是国家电网公司物资业务的一体化移动应用，转变了传统物资作业模式，有效辅助现场作业，加快业务流转，降低沟通成本，提升基层服务体验，实现物流业务在手机终端一键办理，物资作业人员和供应商可以随时随地完成物资业务操作。

（六）供应链运营调控指挥中心

供应链运营调控指挥中心是国家电网公司汇聚各平台数据资源，开展仓储业务运营分析、实物资源运营情况、废旧物资全链监督、应急保障指挥业务的大脑中枢，通过监控预警、数据分析实现全链业务的高效运营。

第四节 绩 效 指 标 体 系

国家电网公司健全物流绩效指标体系，按照物力资源集约化、业务联通数智化、仓储物流绿色化、组织管控一体化四个方面，建立各项业务评价指标和机制，对日常业务数据进行监控及规范性评价，统筹全量实物资源管理，提升物资供应效率。

一、指标体系构建原则

统筹考虑专业绩效指标宏观指导性与微观针对性，构建完善物流配送、仓储周转"指导性指标"和"评价性指标"多层次指标体系，助力提升物流运转质量和效率。

二、指标体系框架

建立 4 个维度 22 个方面的国网现代物流绩效指标体系，如图 2-6 所示。

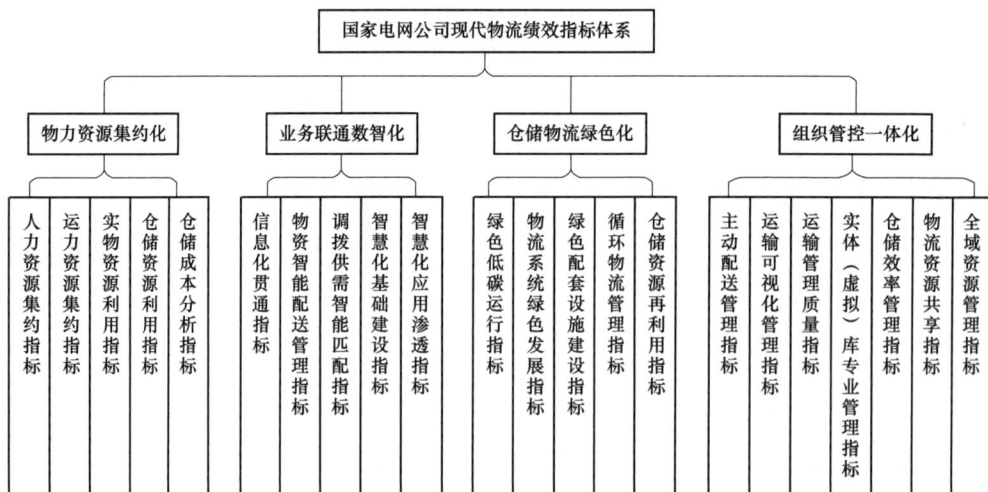

图 2-6 国家电网公司现代物流绩效指标体系架构

（一）物力资源集约化

1. 人力资源集约指标

从人才当量密度、仓库人均出入库金额和仓库人员特种设备操作证持证率 3 个维度，分别反映当前代表企业高素质员工数量占比、仓库人员业务量饱和度和仓库内人员专业技能掌握程度。集约指标越高，说明当前物流从业人员综合技能和素质越高，同时人力资源成本越能有效把控。

2. 运力资源集约指标

根据物流企业运输车辆配置等情况，结合实际使用运力，测算运力资源利用率，掌握物流企业运输承载力。运力资源集约指标越高，单位时间内物流运输的物资量就越大，同物资数量下消耗的运力成本就越少。

3. 实物资源利用指标

通过库存周转率、物资退库率和库存盘活利用率表达物资在库存储周期长短、项目物资领用准确度、物资管理水平和管理效益高低。实物资源利用指标越高，物资的需求与供应准确率就越高，同时实物资源的存储压力就越小。

4. 仓储资源利用指标

通过仓库平均面积、仓位使用率和单位面积仓储金额体现各仓库存储面积的利用情况。仓储资源利用指标越高，证明仓库闲置面积越少，对现有仓库的规划使用就越合理。

5. 仓储成本分析指标

通过仓库单位运营成本率和仓库运营成本下降率两个指标，反映当前仓库各项运营成本和综合效益情况。仓储成本分析指标越高，说明仓库运营综合效益越高，仓库运营成本（包含仓库的租赁、人员、仓库各类运维项目成本）越低。

（二）业务联通数智化

1. 信息化贯通指标

信息化贯通指标包括信息化系统贯通率、电力物流服务平台应用率和信息交互及时率，表示当前全网仓配资源在线统筹调度、电力物流服务平台运输监控质效和对运输过程中发生的交通管制、交通事故、极端恶劣天气等意外情况的掌握情况。信息化贯通指标越高，说明当前系统收集的各方信息回传速度越快，响应效率越高，针对各类突发情况做出应急处置的及时程度越高。

2. 物资智能配送管理指标

从配送费用自动归集率和配送任务智能管理应用率两部分进行指标管控，实现配送费用自动归集与分摊，提升二程配送结算时效，加强仓配协同，统筹开展电网物资物流配送。物资智能配送管理指标越好，说明电力物流服务平台下物流配送费用结算及时性越高，仓配结合下的电网物资配送任务分配速度越快。

3. 调拨供需智能匹配指标

调拨供需智能匹配指标指供需智能匹配建设率。通过把控供需智能匹配建设率，匹配最优物流网络，实现系统自动推荐最优配送方案，助力降低物流成本，提升配送效率效益。供需智能匹配指标越好，说明物资调拨收发地之间路径和运力成本越少，调拨时效性越高，对物资供应及时性的维护越强。

4. 智慧化基础建设指标

智慧化基础建设指标包括自动化仓库覆盖率和自动化作业率，用来体现仓库内自动化存储面积与仓库总存储面积的比值和使用自动化设备上下架的任务数占仓库总上下架的任务数。智慧化基础建设指标越高，证明仓库的自动化作业水平越高，单位时间内同时执行仓储收发货业务的效率就越高。

5. 智慧化应用渗透指标

智慧化应用渗透指标包含无纸化业务应用率、App 入库使用率和实物 ID 覆盖率三个部分。体现使用无纸化作业的条目数占仓库总作业条目数的比例、使用 App 入库条目数占总入库条目数比例和已完成实物 ID 覆盖的设备数与应完成实物 ID 覆盖的设备数的比值。智慧化应用渗透指标越高的仓库，仓库的无纸化、作业智慧化和设备管理规范性就越高。

（三）仓储物流绿色化

1. 绿色低碳运行指标

绿色低碳运行指标由运输碳排放能效监测率和配送车辆运载率构成。运用电力物流服务平台建设碳排放能效数据监测分析，精准刻画碳排放及节能增效水平，围绕车辆在电力物流运输中的配载情况，体现车辆在各项运输作业环境下的配载饱和程度。绿色低碳运行指标越高，说明物流运输的效益越高，运输作业对绿色低碳环境指标的影响越小。

2. 物流系统绿色发展指标

物流系统绿色发展指标体现为绿链物流体系场景建设完成数量。包括但不限于电力物流服务平台移动 App 的应用等。物流系统绿色发展指标越好，证明绿链场景落地建设完成数量越多，对数智化物流各使用场景的检测、把控程度越高。

3. 绿色配套设施建设指标

绿色配套设施建设指标体现为物流企业绿色配套设施使用数。物流企业在车辆和配套设施设备中应用去碳（新能源）、低碳、节能等绿色环保技术的情况，发展新能源绿色仓储物流装备，构建二程配送"零碳"运输网络。绿色配套设施建设指标越好，证明新能源绿色仓储物流装备支撑数量和覆盖率越高。

4. 循环物流管理指标

循环物流管理指标主要为碳抵消率和碳排放强度。碳抵消率主要为新能源物流车辆通过光伏、风能发电等方式提供动能，替换抵消同类型燃油车辆的碳排放；碳排放强度是纵向比较物流运输绿色化效益的一个重要指标，强度越小，说明物流绿色化程度越高。

5. 仓储资源再利用指标

仓储资源再利用指标体现为可回收物再利用率和单位仓库面积能耗。例如，变压器油回收利用率是变压器油回收过滤再利用量与处置变压器油总量的比值。单位仓库面积能耗是指单位面积年消耗的能源量（水、电、油）。仓储资源再利用指标越高，证明仓库内可再生能源的回收利用效率越高。

（四）组织管控一体化

1. 主动配送管理指标

主动配送管理指标体现为运输及时率。在各类运输任务中，统计物资实际发运时间及到货时间是否能满足预计制定的运输时间，以评判物流运输时效性。主动配送管理指标越好，说明物流运输物资的速度越快，物流车辆周转效率越高。

2. 运输可视化管理指标

运输可视化管理指标体现为运输路径规划执行率。监控分析物流运输过程中是否按照既定最优规划路线行驶，通过实际运输里程数与规划里程数反应运输路径是否合理。运输可视化管理指标越高，证明路径规划越合理，物流根据规划路线完成运输配送的时间稳定性就越强。

3. 运输管理质量指标

运输管理质量指标包括运输预警处置及时率和运输服务满意度。通过统计物流运输过程中对系统发出预警的处理比率规范运输过程，有效保障运输任务及时安全完成。运输服务满意度包括对运输任务及时响应、运输过程客服反馈等各项服务满意度情况。运输管理质量指标越好，表明运输任务安全性越高，运输服务满意度越高。

4. 实体（虚拟）库专业管理指标

实体（虚拟）库专业管理指标包含库存积压率、寄存物资领用准确率、在库物资报废率、平均库存占比、账实一致率和寄存物资积压率等仓储常规考核项目。专业管理指标的建立有助于仓库明确各类物资的管理要求，建立规范的收发货管理流程并严格把控库存积压情况。实体（虚拟）库专业管理指标越高，表明仓库运营管理越规范，实物管理水平越高。

5. 仓储效率管理指标

仓储效率管理指标包括物资调拨及时率和计划利库及时率。反映仓库人员在仓库办理物资调拨业务时，完成账物的跨仓库转交及办结调拨流程所需的时间。仓储效率管理指标越高，证明各仓库之间物资协调利用效率越高，在同类型物资满足调拨需求的情况下，供应需求保障性越强。

6. 物流资源共享指标

物流资源共享指标包括运力资源共享率和外部运力资源共享率。运单撮合服务建设，面向供应商、物流企业，电力物流服务平台提供物资需求及货车资源共享基础信息服务，供需双方完成供需对接，提升货车配载利用效率，降低社会综合物流成本，实现运力资源对外共享。对于库与仓之间，符合顺丰、京东等快递业寄送管理要求的物资运输，若寄送性价比更优且符合时效要求，则选择外部运力资源，实现共享社会物流网络。

7. 全域资源管理指标

全域资源管理指标包括专业仓空仓率和专业仓库存周转率。专业仓空仓率为无库存物资或无出入库记录的专业仓数量占专业仓总数比例。专业仓库存周转率为专业仓当期出库总金额和当期平均库存金额的比值。全域资源管理指标越高，则专业仓的集约化程度越高，仓库物资周转周期越短。

第三章

国家电网公司仓储管理

国家电网公司统筹规划仓储网络布局，通过统一开展仓库标准化建设，差异化实施仓库智能化升级，持续提升物资存储与仓储作业效率，有效满足电网建设、运维以及应急等物资需求，保证各类物资快速供应。依托大数据、云计算、物联网、人工智能等先进技术，推进信息采集数字化、业务办理线上化、运营分析智能化，构建形成具有国网特色的仓储管理体系。

第一节 仓储网络布局

国家电网公司构建形成了"国网应急库–省周转库–市县终端库+专业仓"的仓储网络架构，提升了仓储资源配置、配送效率和规范水平。

一、影响因素

仓储网络布局应综合考虑区域经济水平、综合用户分布、交通便利条件、地理条件、自然条件、政策要求，以及仓库建设成本、运营成本、配送半径、业务规模、运力水平、辐射范围、响应时间等多种因素。国家电网公司仓储网络规划以保障物资供应为核心目标，以供应商交货和公司转储配送等不同供应模式为主要考虑因素，根据不同供应模式的业务场景、供应特点等进行仓储网络规划。通过模型分析和专家评议相结合的方式，确定最优仓储网络布局。

供应商交货是以供应商直接交付为业务场景，供应商将物资直接配送到公司各级仓库或项目现场。其中，配送到公司各级仓库的物资主要包括需要集中检测、集中存储、统一配送的物资和应急保障类物资等；配送到项目现场的物资主要包括装卸搬运困难的较大件工程物资和多级流转效率低的物资。

转储配送是以国家电网公司库间调拨和发料领料为业务场景。其中，库间调拨物资在各级仓库间转储流转，根据需求配送到相应仓库；发料领料物资主要指从各级仓库流向专业仓或项目现场，如图3–1所示。

二、布局原则

（一）总体规划、动态优化

坚持顶层设计、总体规划，综合考虑业务需求、供应模式，以物资库为中心、专业仓为支撑，分级分类科学布局仓储资源，开展仓储网络体系设计；根据电力生产业

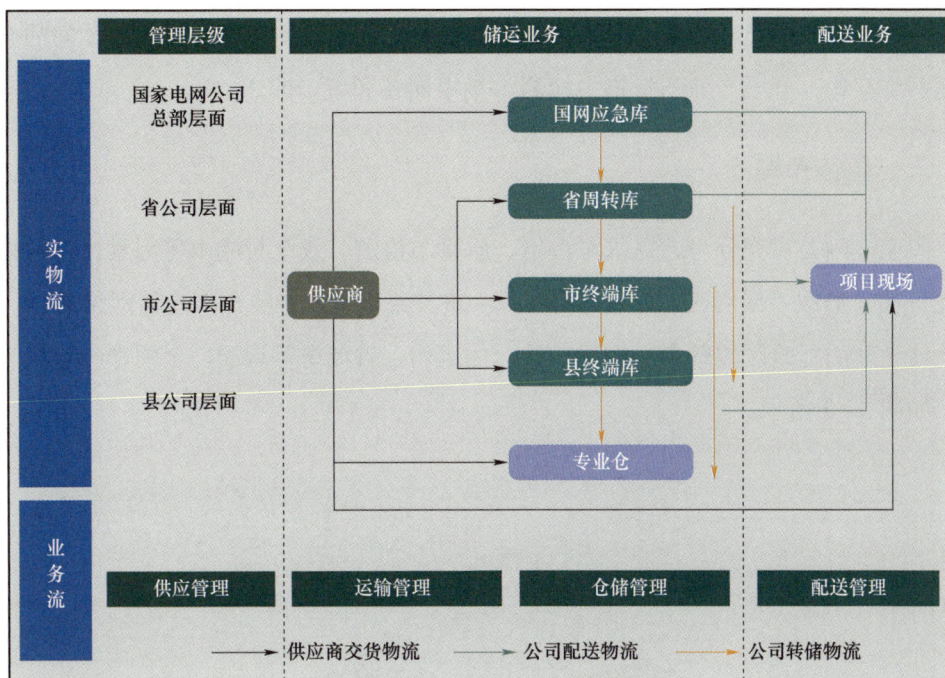

图 3-1　仓储物流示意图

务特点和公司经营实际情况变化，对仓储网络布局适时进行动态优化。

（二）科学分类、合理选址

结合电网企业库存"运检物资为主、项目物资为辅"的特点，考虑集团化运作的优势，规划时将全省通用物资和需要集中入库检测的物资向省级周转库集中，发挥区域周转作用；将运维抢修、备品备件等物资存储于终端库、专业仓，贴近运检等一线使用单位，提升物资应急响应速度。充分考虑地理特点和交通运输条件，优先选择具有交通区位优势的备选节点，规划设计要符合环保与生态平衡要求，综合考虑选择最合理的网络节点位置。

（三）经济适用、适度超前

仓储网络体系的规划设计应充分考虑物资供应的时效要求和仓储物流成本，既要具有科学性、前瞻性，又要注重实用性、经济性，严格控制仓储设施和运营投入成本。同时，应用运筹学、现代智能算法，建立数学模型，进行科学规划，形成符合各单位实际业务需求的网络布局。

（四）统一标准、柔性设计

制定仓储设施规划设计通用标准，从全域整体角度实现仓储配送网络规划全局性、系统性和网络化的最优；结合公司产业转型升级和电网建设需求，综合考虑供应商分布、周转库规模、质量检测和区域配送等条件，柔性设计不同服务主体间的仓储配送网络架构，开展专业物资集中检测、集中储备和统一配送。

三、总体布局

国家电网公司充分考虑需求与供给、质量与检测、效率与成本等因素，按照效能最优目标，形成"国网应急库–省周转库–市县终端库＋专业仓"仓储网络布局，打破仓储管理的行政区域壁垒，实现市县一体运作，省域统筹调配，全网"一盘棋"指挥，如图3–2所示。

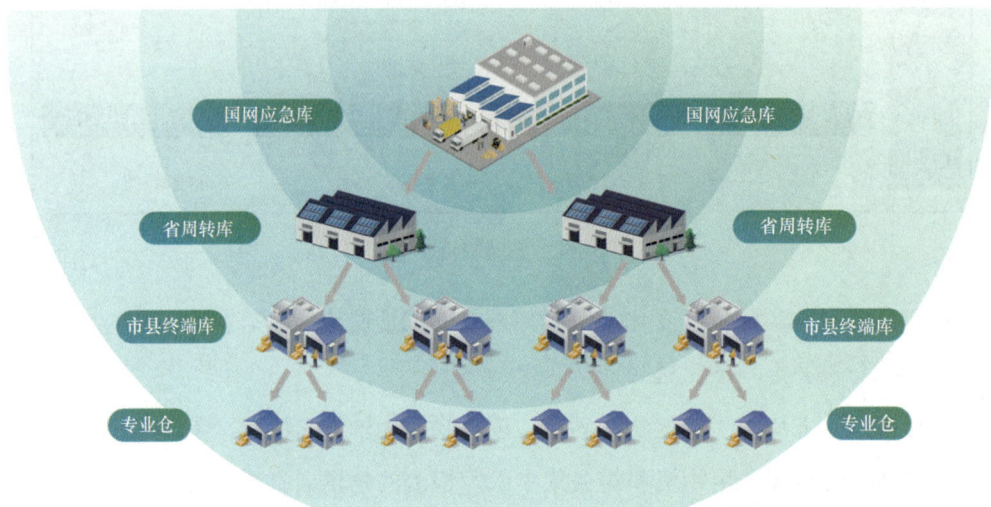

图 3–2 局部仓储网络架构

（一）国网应急库

国网应急库负责重要应急物资储备，保障全网重特大灾害应急物资调配及供应。在发生特大灾害和紧急情况时，物资部门制定调配计划，下达调配指令，组织仓库所属单位将物资配送至现场或受灾地区仓库。

（二）省周转库

省周转库负责辐射区域内、检储配目录物资的集中存储、抽检，以及重要应急物资、备品备件的储存，按需向市县终端库或项目现场配送。省周转库设置时，统筹集中入库检测与供应时效，与检储配一体化基地、质量检测中心联合，按网格化方式跨市联合设置或一个中心方式设置。

（三）市县终端库

市县负责检储配目录外的物资集中存储、到货验收，地市级终端库服务辐射半径保证在交通便利地区 1～2h、偏远地区 2～3h 送达，县级终端库服务辐射半径保证在交通便利地区 1h 内送达，提高项目或专业仓需求响应效率。

（四）专业仓

为保障电网应急抢修"最后一公里"响应速度，提升日常检修响应效率，在班组、供电所设置专业仓储点，存储已领未用物资、专业部门备品备件、工器具等日常物资，满足快速供应。

第二节　仓　库　建　设

国家电网公司在统一规范标准仓库的基础上，推进数智仓库递进式升级改造，建设"全方位感知、全要素集约、全场景可视、全流程在控"的绿色数智仓储运营模式，应用多种物联设备，结合人工智能、数字孪生等技术，实现"人员、设备、物料、环境、作业"各要素高效协同，提升数智仓储运营效能。

一、统一规范的标准化仓库

（一）统一外观标识

国家电网公司通过规范仓库外观标识，建设具有国网特色的标准化仓库。仓库标识根据形式分为仓库外观颜色、标识标牌与地面划线 3 方面内容。

1. 仓库外观颜色

建设色彩统一的标准化仓库，仓库建筑配色通常为国家电网公司企业色，墙体主色调为浅灰色，辅以深绿色水平条带，门窗、大门颜色多与建筑物主体同色，库房窗户颜色采用深绿色，库房建筑地面宜采用彩色耐磨地面，仓库外观如图 3-3 所示。

2. 标识标牌

仓库标识标牌按照使用区域划分，主要包括室外、室内、办公区、物料 4 类 35 个项目。

室外：仓库铭牌、库区引导牌、仓库总体布局图、区域标识牌、企业文化栏、停车场标识牌、仓库禁止标识、仓库警示标识、料棚标识牌、堆场标识牌。其中仓库铭牌如图 3-4 所示。

图 3-3　仓库外观

图 3-4　仓库铭牌

室内：仓库内部定置图、区域标识牌、货架编码牌、管理制度及流程展示牌、仓库安全及门牌标识、通道指示牌标识、消防设施标识、仓位标签、存储单元标签、区域隔离带（地面区域标线）、通道地面箭头标识，货架编码牌如图 3-5 所示。

办公区：门楣、防撞条、背景板、门牌、岗位牌、办公区内展板、安全帽。

物料：物料卡、物料标签、物资身份码标签。

3. 地面划线

仓库地面划线清晰、牢固，具体包括区域标线、地面人行道标识、道路指示标识、地面箭头标识。

（二）统一区域设置

各级仓库根据业务需要设置仓储区和作业区。

1. 仓储区

仓储区包括室内货架区、室内堆放区、室外料棚区、室外露天区。其中室内堆放区、室外料棚区、室外露天区主要用于存储各类体积或重量较大、不适用于货架存储

图 3-5　货架编码牌

或对储备条件要求不高的物资。

2. 作业区

作业区包括装卸区、入库待检区、收货暂存区、不合格品暂存区、出库（配送）暂存区、仓储装备区等。其中装卸区用于物资交接、装卸等操作，一般规划在仓库大门外侧或内侧，方便装卸车辆通行的位置。入库待检区用于存放已完成收货交接，尚未通过验收的物资。收货暂存区用于存放已通过验收，因各种原因尚未进入货位的物资。不合格品暂存区用于存放未通过验收的物资。出库（配送）暂存区用于存放已办理出库手续，尚未装车配送的物资。仓储装备区用于停放仓储作业设备，主要包括叉车、液压手推车、平板手推车、登高车、钢丝绳、篷布等，作业区设置如图 3-6 所示。

（三）统一系统应用

1. 企业资源管理系统

国家电网公司使用企业资源管理系统（ERP）物资管理模块作为仓储管理主要系统，具有库存管理和仓库管理功能，实现库存管理"一本账"。同时，专业内部与电子商务平台（ECP）、电工装备智慧物联平台（EIP）和电力物流服务平台（ELP）紧密集成，跨专业与生产系统、经法系统、财务管控系统、人员绩效管理系统等有效贯通，配合多个辅助工具，实现采购订单、库存物资、资金结算等企业资源统筹管控，促进企业内部业务一体化运作，实现"资源一盘棋"，企业资源管理系统界面如图 3-7 所示。

图3-6 作业区设置

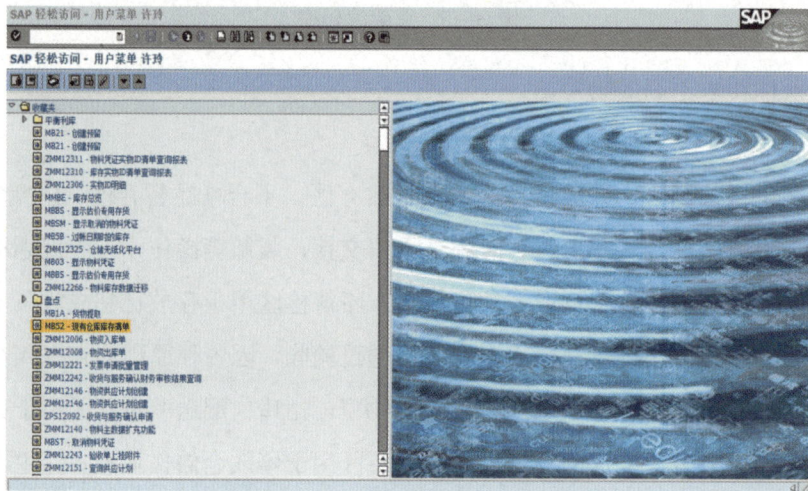

图3-7 企业资源管理系统界面

2. 仓储管理系统

仓储管理系统是辅助国家电网公司仓库库区及货位、存储物资、仓储作业精益化管理的系统，涉及业务环节主要包括出入库、上下架、转储理货、盘点等，功能模块主要有入库与上架业务管理、出库与下架业务管理、理货管理、盘点管理、业务报表统计与查询、仓储基础数据管理、仓储配置和策略管理、权限管理等。依托仓储管理系统，通过"e物资"移动应用，智能管理仓库货位、出入库、退货、盘点、产品追溯等信息，实现物资一键扫码收发货，有效提高物资出入库、盘点作业效率，降低人力物力成本，促进物资账实一致性，如图3-8所示。

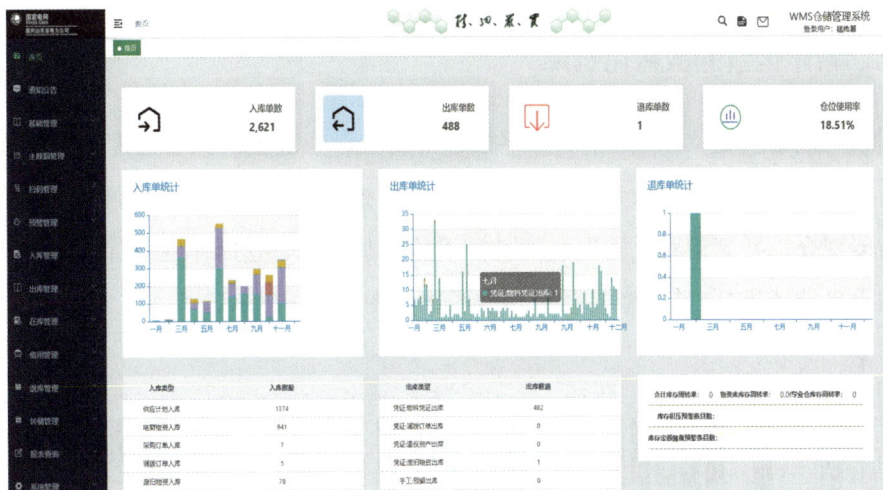

图 3-8　仓储管理系统

3. 仓储业务掌上办

仓储业务掌上办（即"e 物资"）是仓储作业系统的移动端，用于在现场移动办理仓储业务，转变了传统物资作业模式，加快业务流转，降低沟通成本，提升基层服务体验，物资作业人员和供应商可以随时随地完成物资业务操作，"e 物资"界面如图 3-9 所示。

图 3-9　"e 物资"界面

二、智慧运营的数智化仓库

国家电网公司建立"三型"（数字型、自动型、智能型）数智仓库建设标准，递进式升级改造，通过完善数字型仓库标签体系，推进自动型仓库关键环节机械代人，推动智能型仓库智慧运营，实现仓库基础设施更加完善、仓储作业更加便捷、业务合规精益水平持续提升，"三型"仓库功能图谱如图 3－10 所示。

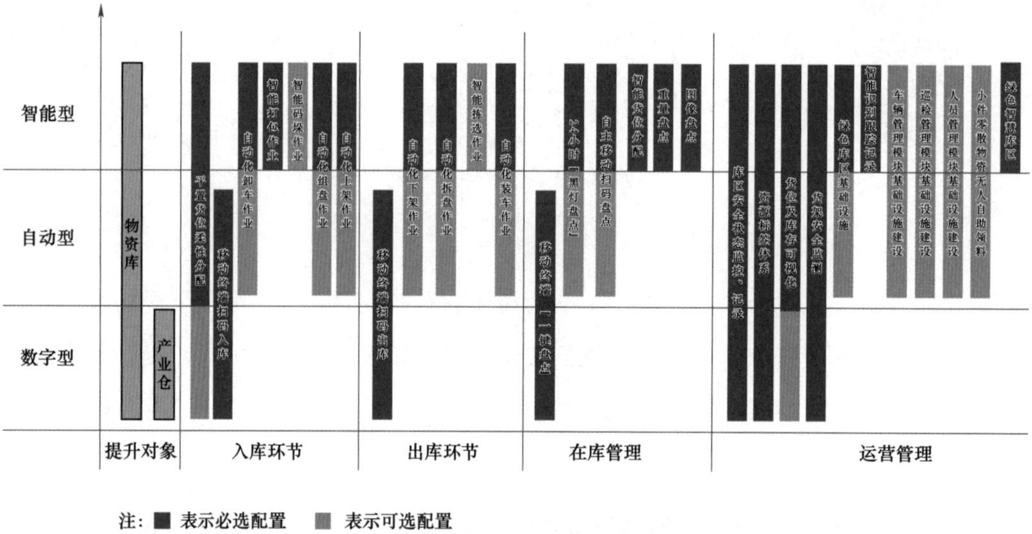

注：■ 表示必选配置　■ 表示可选配置

图 3－10　"三型"仓库功能图谱

（一）数字型仓库

1. 基本情况

依托实物 ID 建立资源标签体系，基于移动扫码终端实现入库、出库、盘点等业务在线处理，实物 ID、容器码、仓位码三码绑定合一。通过视频监控、货架安全监测等技术手段，保障现场业务安全有序运行、库存物资实物流和信息流同步，实现货位级精益化管理。

2. 主要配置

数字型仓库主要配置基本的仓储、安防设施设备，应用仓储管理系统，配置货位级实物管理模块，满足日常基本的出入库、借用、调拨、盘点等业务需求，全流程记录物资流转信息。利用移动终端扫描物资身份码（实物 ID）、容器码、仓位码，实现日常仓储业务在线移动办理。配置货架安全监测模块，实时监测货架安全状态。数字型仓库部分配置如图 3－11 所示。

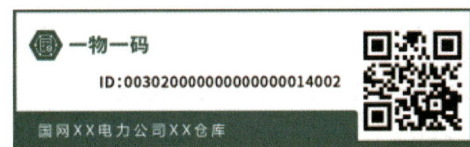

(a)

(b)

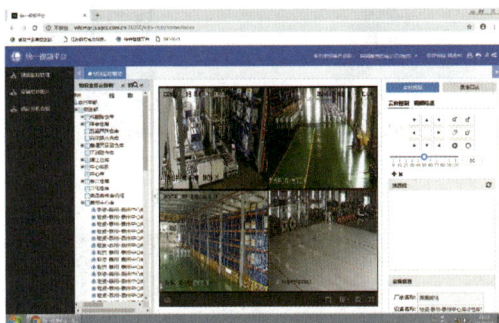

(c)

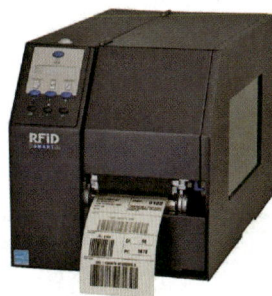

(d)

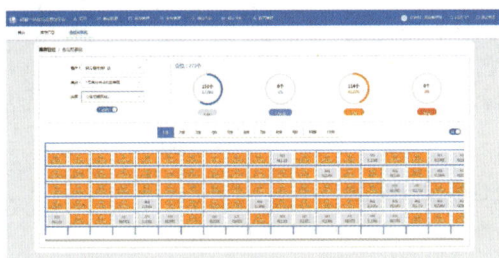

(e)

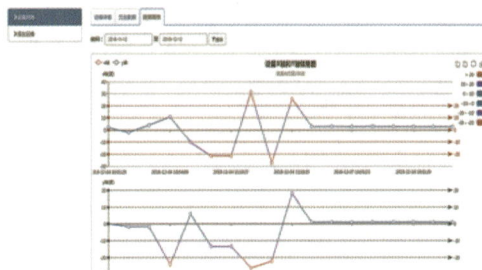

(f)

图 3－11　数字型仓库部分配置

（a）一物一码；（b）移动终端；（c）视频监控系统；（d）射频识别打印机；

（e）货位级管理系统；（f）货架倾角监测

（二）自动型仓库

1. 基本情况

通过应用自动化装卸、组盘、存储、盘点装备，依托自动化设备调度控制模块和平置货位柔性分配模块，在入库、出库、在库等关键作业环节中，实现机械代人，选用清洁能源设备，推动仓库绿色低碳运营，提升"人员、设备、物料、环境、作业"等全场景要素数字化、集约化管控能力。

2. 主要配置

在数字型仓库的基础上,自动型仓库配置较完善的仓储、安防设施设备,全面应用货位及库存可视化模块,根据入库、出库、盘点等仓储关键作业的实际需求,选择性地配置相应的自动化存储、装卸、搬运等设施设备,实现相应作业环节机械代人。自动型仓库部分配置如图 3-12 所示。

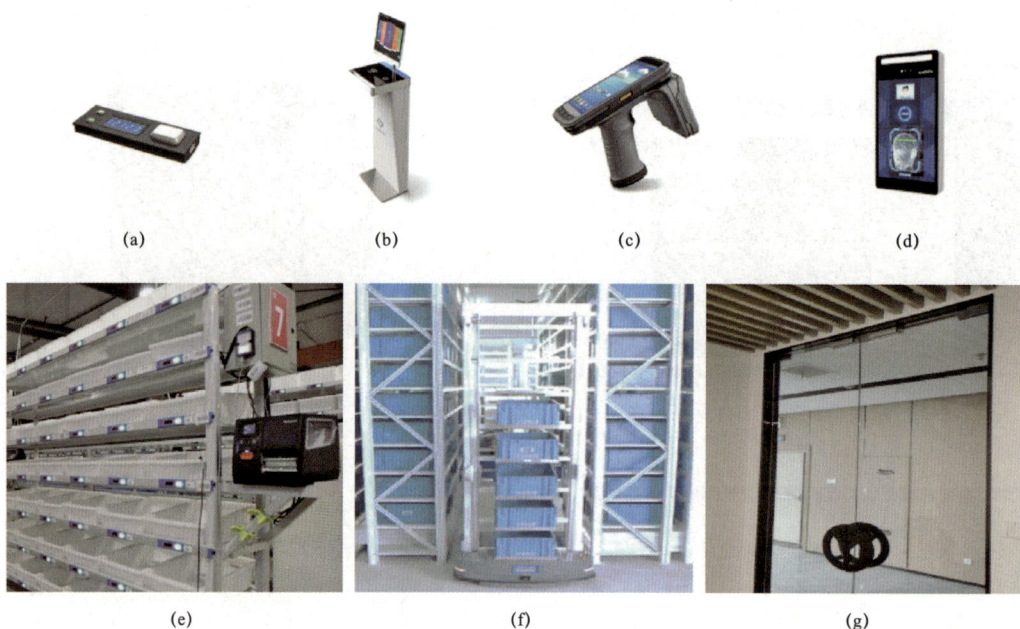

图 3-12 自动型仓库部分配置

(a) 智能拣货电子标签;(b) 射频识别中控;(c) 手持终端;(d) 人脸识别;
(e) 灯光拣选;(f) AGV 机器人;(g) 智能门禁

(三)智能型仓库

1. 基本情况

通过应用智能打包机器人、智能拆码垛机械手、视觉无序拣选机械手等智能化设备,完成物资单元化包装、组盘、拣选等作业,由单一环节机械代人向多环节智能协同作业转变。优化智慧库区管理模式,打破库区各子系统信息孤岛,实时收集各环节业务数据,利用仓储作业、资源利用等关键指标分析结果,监测库区运营状态,持续优化作业流程和管理策略。

2. 主要配置

智能型仓库在数字型仓库的基础上,根据实际需求选择性配置智能打包、拣选、装卸、盘点等设备,实现多环节作业机械代人,基于数字孪生、大数据分析等技术,应用绿色智慧园区管理模块，贯通园区安防、仓储业务、仓储作业、能耗数据，构建园区仿真模型，开展业务仿真优化、辅助决策，实现仓储业务数智化升级。智能型仓库部分配置如图 3-13 所示。

(a)

(b)

(c)

(d)

(e)

图 3-13　智能型仓库部分配置

（a）堆垛机立体存储系统；（b）四向车立体存储系统；（c）AGV 平置存储系统；

（d）拆码垛机械手；（e）数字孪生库（园）区监控

三、低碳环保的绿色化仓库

（一）绿色设计

开展仓库绿色改造。仓库在升级改造时坚持绿色理念，最大限度地节约资源（节能、节地、节水、节材）、保护环境和减少污染，同时提供健康、适用和高效的使用空间，与自然和谐共生。通过提高土地利用率、采用节能规划、使用节能材料，使仓库在与其有关的建材生产及运输、建造及拆除、运行阶段产生的能耗总和，与自身全供应链全寿命周期内被动或主动产生的能源总量相等。

（二）绿色用能

构建绿色用能体系。充分利用仓库现有库房屋顶资源，全面建设屋顶分布式光伏，实现库区清洁能源替代。配置电动子母穿梭车、电动叉车等，实现仓储作业设备100%绿色替代。配置空调智能控制系统、红外感应灯具等，实现办公用能远程监测、节能控制、智能启停，全面降低能源消耗。

应用技术节能减排。在技术上全面节能减排，科学设置玻璃窗和可调节卷帘门，最大限度利用日光和自然通风系统；采用电力驱动，有效减少综合能源消耗，降低污染废弃物排放；采用电子化在线办理，降低用材耗能，如图3-14和图3-15所示。

图3-14　屋顶分布式光伏

（三）绿色包装

在满足包装功能要求的前提下，推广使用包装基础模数，通过绿色包装减少对人体健康和生态环境的危害及资源能源消耗。

通过使用以钢或塑料等为材质的物流载具，替代传统一次性木质托盘、泡沫箱等，从而实现物流载具的不断循环利用,减少环境污染和资源浪费。

(a)   (b)

图 3-15 绿色用能场景

(a) 智慧灯杆;(b) 充电桩

国家电网公司结合《绿色包装评价方法与准则》(GB/T 37422—2019)、《绿色仓储与配送要求及评估》(GB/T 21243—2022)等现行国家标准,联合主要物资品类供应商,从包装材料、包装结构、环境要求、运输要求、循环利用等方面入手,研究制定《电力物资绿色包装技术规范》(T/CEC 547—2021),在行业内推广应用,满足环境无害、循环利用、减量化的要求,实现绿色包装。

使用标准化托盘(1200mm×1000mm),在物流全过程中提高自有/租用的标准化托盘数量占托盘总量的比重,推广标准化托盘的循环共用,实现节能降耗。

使用标准化周转箱(基础模数 600mm×400mm),在物流全过程中提高标准化周转箱数量占比。推广方便循环使用和回收的环保周转箱,建立物流周转箱循环共用系统,实现节能降耗。

木质周转容器减量化,在物流全过程中减少木制托盘和周转箱数量占比。在确保不降低托盘性能的基础上,使用环保可回收材料生产的托盘,实现节能降耗。

(四)绿色设施

应用绿色自动化仓库技术设备,在货物存取环节,应用堆垛机蓄能技术、电机节能技术或其他设施设备,在仓储机械作业自动化过程中实现节能。采用系统集成节能技术,通过科学合理的集成设计,实现自动化仓储物流中心的节能。

应用绿色环保工器具,在满足仓库日常工作需求的基础上,优先选用电动清扫车、电动叉车。在库区建设电动汽车与电动自行车充电桩,鼓励工作人员使用电动载具出行,达到控制碳排放增量的效果。

优化起重设备使用频率，通过融合管控平台的作业数据分析、数字化设施设备的应用，提高收发货工作效率，减少重复工作，实现仓库日常的低碳化运营。

（五）绿色监测

充分运用大数据、物联网等技术，对人员、设备、物料、环境全方位主动监测，实现仓库各项数据指标的全面监控、预警和管理。依托能源监测系统，利用物联网技术，将能源生产、储存、输配和消耗的全过程数字化，通过智能控制系统，使能源分配利用可调可控，实现能源智慧运行管理，仓库节能与碳中和管理系统如图 3-16 所示。

图 3-16　仓库节能与碳中和管理系统

第三节　仓　储　作　业

国家电网公司通过建立健全标准化作业流程，引进先进仓储物流设备与技术，应用数字化业务管控手段，实现作业流程规范、过程数字可视、业务管控精益、运营智能绿色，为国家电网公司现代物流体系高效运营提供坚强的仓储支撑保障。

一、标准化的作业流程

国家电网公司针对物资入库、物资出库、物资盘点、在库物资保管、在库物资报废等仓储作业，分别制定了标准化作业流程，并持续推行仓储无纸化作业，保障仓储作业规范、便捷、高效和安全。

（一）物资入库

1. 入库作业流程

依托物资身份码（实物 ID）、容器码、货位码等仓储资源元素标识信息和移动终端工具，开展到货物资入库业务在线办理。通过移动终端快速读取物资身份信息并完成三码关联绑定，简化仓储作业流程，实现信息录入、校验一体化。入库作业在线办理流程如图 3-17 所示。

图 3-17　入库作业在线办理流程

2. 入库作业类型

物资入库按照"先物后账"的方式处理，即到货实物完成交接和验收后再进行 ERP 系统收货入账操作。入库分为采购物资入库、调配物资入库、工程结余物资退库、退役资产保管入库、报废物资入库、供应商寄存物资入库等。

（1）采购物资入库。物资管理部门根据到货交接的有关要求，对需检测物资开展抽检，无需检测物资开展到货检查，合格后在线上完成到货交接单签署和入库手续办理。物资到货交接单由项目管理部门/建设管理单位、物资管理部门、供应商三方进行签署。对于现场到货物资，由项目管理部门/建设管理单位、物资管理部门、供应商、施工单位（如需）、监理单位（如需）现场在线签署。

（2）调配物资入库。调入单位物资管理部门按照上级调配通知单（划转方式）或销售合同（销售方式），与调出单位办理交接验收，验收合格后，双方在调配物资交接单上签字确认，办理入库手续。

（3）工程结余物资退库。项目建设管理单位组织开展技术鉴定，鉴定可用物资，除应满足规定技术条件外，需同时满足退库标准。物资管理部门接收退库物资时，依据原线上出库凭证及退库申请（含鉴定意见），核对物资的品名、规格、数量、生产厂家及相关资料，验收无误后办理结余物资退库。

（4）退役资产保管入库。退役资产在办理保管入库手续前，实物资产管理部门（单位）组织开展技术鉴定，出具鉴定意见，包括再利用、报废。鉴定为可用资产时，由原实物资产管理部门（单位）线上提出退库保管申请，物资管理部门再核对实物的品名、规格、数量及相关资料、办理入库。入库后，退役资产与库存物资分别存放，设立明显标志。

（5）报废物资入库。项目管理部门（单位）负责办理报废手续，物资管理部门根据项目管理部门（单位）提供的移交单及报废手续，核对报废物资的相关信息，检查报废物资的完整性，办理入库。入库后，单独设立报废物资存放区域，用于存放、保管报废物资。

延伸阅读

供应商寄存

（6）供应商寄存（详见二维码）物资入库。国家电网公司通过开展 10kV 及以下配网物资"超市化"寄存业务，实现配网物资提前储备、点单式领料和直送项目现场。物资管理部门根据供应商寄存物资清单，组织开展到货验收，对需检测物资开展抽检，对无需检测物资开展到货检查，合格后办理交接手续。入库后，分区存放，对不同供应商寄存物资进行现场标识区分，如图 3-18 所示。

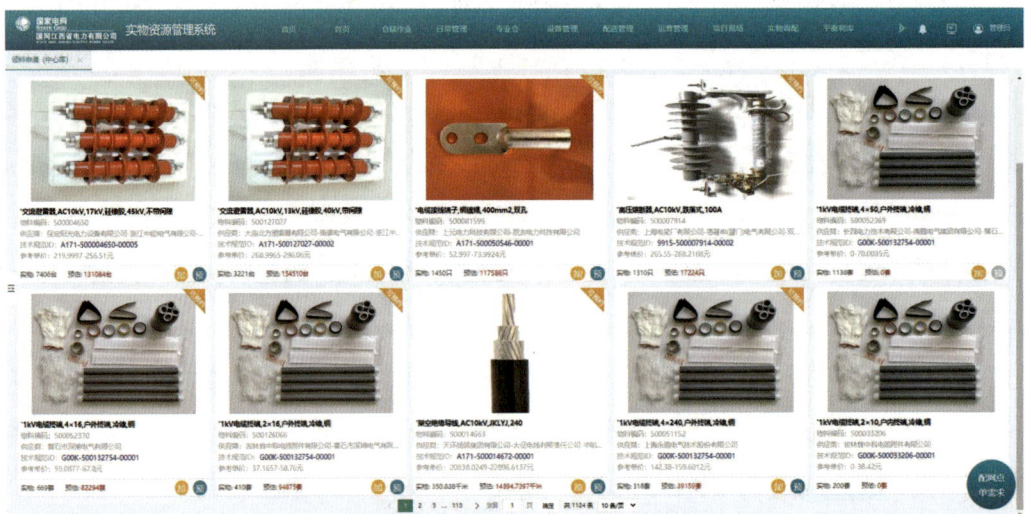

图 3-18　供应商寄存物资管理

（二）物资出库

1. 出库作业流程

国家电网公司推行无纸化出库作业，仓库现场通过移动应用对接项目单位物资领用需求，基于领用品类、数量、时间等需求特点，由货位管理功能按照批次信息、在库库龄等关键要素自动编排出库任务，指导仓储作业人员及时完成出库备料，领用人员到达现场后，由仓储作业人员通过移动终端扫描物资身份码、完成三码解绑，实现出库业务在线办理。出库作业在线办理流程如图 3-19 所示。

图 3-19　出库作业在线办理流程

2. 出库作业类型

物资出库遵循"先进先出"的原则，对有保管期限的物资，应在保质期限内发出。物资出库按照"先账后物"处理，即先进行 ERP 系统出库操作，再办理实物发货和交接。库存物资出库分为采购物资出库、调配物资出库、退役资产出库、报废物资出库、供应商寄存物资出库等。

（1）采购物资出库。项目建设管理单位创建领用申请，经审核后提交至物资管理部门。物资管理部门根据领料单，与项目建设管理单位进行领料人核对及实物清点，完成出库发料。物资出库发料时，有配套设备、相关资料的，一并交予领料人员。

（2）调配物资出库。调出单位物资管理部门根据调配通知单，组织物资配送，办理系统出库手续，与调入单位完成实物交接。调出物资技术鉴定报告及配套附件（包括工具、备件等）、相关资料（包括但不限于合格证、说明书、装箱单、技术资料、商务资料等），于交接时一并移交。

（3）退役资产出库。实物资产管理部门负责制订退役资产利库调配利用计划，物资管理部门根据利用计划，与需求部门（单位）办理可用退役资产交接，可用退役资产的相关配件和资料（含试验报告等）于交接时一并移交。

（4）报废物资出库。在库保管的报废物资通过网上集中竞价处置，成交后物资管理部门与回收商核对处置物资信息与成交金额，签署销售合同，在回收商完成回收款支付后，物资管理部门根据销售合同、成交通知书、经财务部门确认的付款凭证，与回收商办理报废物资实物交接。

（5）供应商寄存物资出库。项目建设管理单位创建领用申请，经审核后提交至物资管理部门。物资管理部门根据领料单，在系统内将供应商寄存物资转为自有库存，完成出库过账，与项目建设管理单位进行实物清点，完成出库发料。

（三）物资盘点

1. 盘点周期及方式

盘点周期分为月度盘点、季度盘点、年度盘点。月度盘点由各单位物资管理部门仓储人员开展，以抽盘或轮盘方式为主，每次盘点物资总量不低于库存总量的20%。若出现盘点误差，则盘点范围扩大至全量库存。季度盘点由各单位物资管理部门组织，协同财务部门于每季度末共同进行，通过全盘方式对全量库存进行盘点。年度盘点由各单位物资管理部门组织，协同财务部门于每年末共同进行，通过全盘方式对全量库存进行盘点。

2. 盘点内容

通过以账查物、以物对账方式对盘点范围内实物和账务进行核对，重点核对账卡物数量是否一致、库存物资有无超保质期或破损等。数量检查方面，清点账面和实物数量是否一致，查看整包、装箱物资是否有拆包、启封情况，如有拆包，需仔细核对包内物资是否有短缺。物资质量检查方面，查明库存物资的质量状况，有无锈蚀、霉变、潮解、虫蛀等情况，必要时进行技术检验。物资超期存储检查方面，查明有无超质保期或待盘活物资，并记录反馈至相关专业部门进行处理。

（四）在库物资保管

在分区分类管理库存物资的基础上，将库房所有货位按顺序统一编号，做出明显标记，便于物资出入库时按号存取。存储物资按其存储要求的环境和摆放方式进行存放，按物理化学属性进行分类、分库保管保养，并进行日常巡视检查、整理和清洁。为防雨、雪、露水及日光的侵蚀照射，露天库存放的物资要上盖、下垫，苫盖材料不能苫到地面，以免妨碍垛底通风。物资衬垫要根据垛形尺寸和货垛总重量及地面负荷条件等，在垛底放上枕木、垫板、水泥块、石块等，防止地面潮气进入，并使垛底通风。易碎的电工陶瓷、玻璃制品不得超高堆垛、挤压、碰撞；橡胶、塑料制品要防止老化、变形或黏连，避免日照。

（五）在库物资报废

物资管理部门组织专业管理部门、项目管理部门、财务部门等，对库存物资进行技术鉴定。对于鉴定不可用的物资，应履行报废审批手续，在系统内办理报废出库后再做废旧物资入库。物资保管员根据物资报废出库单和废旧物资入库单，将实物转移到废旧物资区，及时开展线上竞价处置。

二、自动化的作业方式

（一）自动入库

1. 自动装卸

利用桁架机器人等，应用视觉感应技术，精准识别车辆和物料尺寸、位置，根据物料种类自动更换夹具，实现精准码盘。通过具备自装卸功能的自动导引车（Automated Guided Vehicle，AGV），应用激光扫描精确导航定位、高清成像识别等技术，指引 AGV 与物流运输车辆车板无缝对接，实现物资的自动装卸，提升装卸作业精度和效率，如图 3-20 所示。

(a)　　　　　　　　　　　　　　　(b)

图 3-20　自装卸 AGV 自动装卸入库（一）

（a）自动搬运；（b）自动装卸

(c)   (d)

图 3-20 自装卸 AGV 自动装卸入库（二）

（c）自动上架；（d）自动下架

2. 自动组盘

利用智能拆码垛机械手完成入库物资单元化组盘，利用自动扫码系统完成仓位码、容器码、实物码"三码"信息的自动关联绑定，简化仓储作业流程，实现库存物资货位级管理，智能拆码垛机械手如图 3-21 所示。

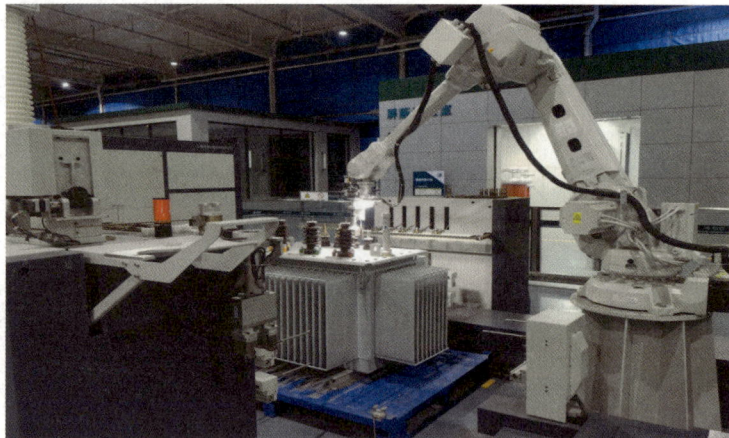

图 3-21 智能拆码垛机械手

3. 自动存储

利用输送机、堆垛机、四向穿梭车等设备将物资自动放置到立体货架或室内堆放区，代替人力存取货物，在节省人力成本和提高作业效率的同时大幅提高作业安全系数，四向穿梭车自动上架现场如图 3-22 所示。

图 3-22　四向穿梭车自动上架现场

（二）自动出库

1. 自动分拣

利用机械手对规格尺寸较为统一的物料进行分拣作业，利用切换夹具快速稳定抓取和码放不同规格物料；利用拣选台搭配输送线，减少拣选过程中上料、下料的搬运强度，提高拣选效率；利用线缆剪切机，在电缆、导线类物资零星出库时，进行高精度计量、复绕、剪切及选择电缆冷缩保护套等自动化作业。

2. 自动搬运

利用 AGV、有轨制导车（Rail Guided Vehicle，RGV）（又称穿梭车）、提升机等智能设备实现物资搬运自动化，提高搬运作业速度，减轻人工劳动强度。其中 AGV 用于仓库内短距离、快速物资搬运工作，是一种装有自动导引装置，能够沿规定的路径行驶，在车体上具有编程和停车选择装置、安全保护装置及各种物料移载功能的搬运车辆。RGV 是用于仓库内短距离、能够沿固定轨道进行物资运输的移动设备。提升机用于将物资由地面、工位或在运输车辆间进行垂直升降输送，可替代人工或吊车等作业功能，提高工作效率。自动搬运设备如图 3-23 所示。

3. 自动分切

通过应用智能线缆分切机，实现线缆自动放线、排线、收线、计米、分切及装配保护套，工作由人工作业向高精、高效、自动及全流程一体化作业转变。智能线缆分切机如图 3-24 所示。

(a)   (b)

图 3-23　自动搬运设备

(a) AGV；(b) RGV

图 3-24　智能线缆分切机

4. 自动装车

应用线缆智能装卸车行吊，实现物资从存储区到车板的自动存取、搬运、装卸，完成"车辆停靠、物资识别、装卸任务下达、自动装卸车一键启动、装卸"的全过程无人化作业。在位置定位环节，应用光场机器视觉识别技术，精准定位车板位置及车板上每盘线缆位置及摆放方式；在自动装卸环节，基于 3D 激光探测仪实现线缆盘叉孔位置精准识别，通过精准进叉识别算法实现最佳位置进叉；在自动搬运环节，使用四自由度自动装卸吊臂实现多角度作业，采用防摇摆技术，使行吊稳定运行。线缆智能装卸车如图 3-25 所示。

图 3-25　线缆智能装卸车行吊

5. 自助领料

利用自助领料终端，应用人像识别、指纹识别、身份证核验等多重身份核验方式精准识别领料人，获取对应领料信息，并自动下架待领取物资，实现出库业务一键办理。仓储机器人自动完成取料和搬运任务，在领料结束后实时将料箱归位，实现 24 小时无人自助领料，如图 3-26 所示。

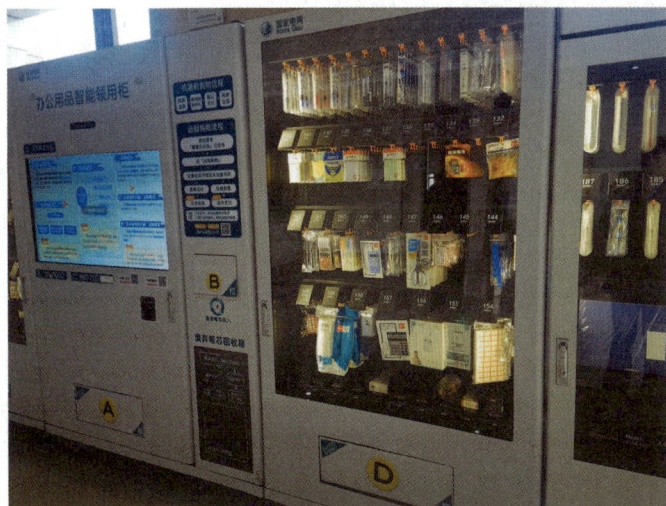

图 3-26　24 小时无人自助领料

（三）自动盘点

利用智能盘点机器人、智能盘点车、旋翼无人机等智能盘点设备，应用图像识别、重量识别、射频数据识别等技术，对立体货架、普通货架及室外堆场等不同区域的物资信息进行实时采集和多维度核准，实现全天候实时盘点。

1. 立体货架"黑灯"盘点

在堆垛机立库、穿梭车立库加装移动式盘点摄像机、射频识别设备、压力传感器等部件，在仓库内几乎黑灯瞎火的情况下，根据指令实时采集物资信息。通过图像识别、重量识别、射频数据识别等技术，实现盘点数据多维度核准，解决立体货架物资盘点效率低的难题，如图 3-27 所示。

图 3-27 智能穿梭车"黑灯"盘点

2. 普通货架移动盘点

利用自跟随 AGV 盘点车，应用射频识别技术❶、图像识别技术，高精度识别周边 10m 内的全部物资，智能盘点货架上的电力物资类型和数量。根据盘点任务，盘点车自主规划最优路径，快速、精准、及时地完成室内物资盘点，如图 3-28 所示。

3. 室外堆场立体盘点

利用"旋翼无人机+机巢"立体盘点系统，融合无人机自主巡检和射频快速识别

图 3-28 自跟随 AGV 盘点车移动盘点

---

❶ 射频识别技术是一种非接触式的射频识别技术，由阅读器、电子标签（应答器）及应用软件系统三个部分组成，通过在阅读器和电子标签之间进行非接触双向数据传输，达到目标识别和数据交换的目的，具有识别距离远、速度快、抗干扰能力强，多标签同时识别等优点。

技术，实现室外堆场区存储物资的全天候实时盘点，如图 3-29 所示。

图 3-29 无人机自主巡检盘点

三、智慧化的协同运营

（一）物资库与专业仓协同

物资部门与设备、营销、安监、调控、后勤等物资需求部门协同，贯通物资库与专业仓数据链路，实现物资出库自动入仓。其优势为：①减轻专业仓基层人员工作量，入仓物资信息不需要人工录入，提高了工作效率；②物资基础信息、所属项目信息自动流转到专业仓管理系统，保证了入仓信息的及时性、准确性，并能根据项目信息实现物资来源、物资用途、物资状态自动分类，确保物资流转过程可追溯。

（二）专业仓与业务工单联动

将生产、营销等业务工单与专业仓出仓关联，在运检 PMS、营销 2.0 等系统创建业务工单时，可以在线点选在仓物料，自动生成出仓单，厘清专业仓物资去向，强化运维抢修类物资精益管控，配合智能仓、无人仓的应用，实现检修人员 24 小时自主领料，提升物资服务水平，如图 3-30 所示。

（三）仓储业务运营分析

依托 ESC，以仓储业务数据为基础，通过数据分析模型开展业务统计和运营分析工作，提升资源利用率及业务运营效率、效益。资源可视模块对库房概况、仓储作业、库存分析等资源整体指标情况进行可视化呈现。

库房概况方面，分级展示省周转库、市县终端库等不同仓网层级仓库建设的综合

图 3-30　业务工单点选物料

状况（包括仓库面积、容积等基本信息）、仓库资源利用情况等内容，提供仓库规划辅助决策和科学治理依据。

仓储作业方面，从仓库的作业行为分析仓库的承载能力，包含作业人员、作业效率等内容，以全方位掌握仓储运营活动状态为目标，实现资源的多维度统一监管、维护和调配。

库存分析方面，从实物库存角度对物资库存总量、物资库存结构等进行分析，包括物资种类、库存周转率、物资库存占比、物资库龄分布、物资安全库存等内容，如图 3-31 所示。

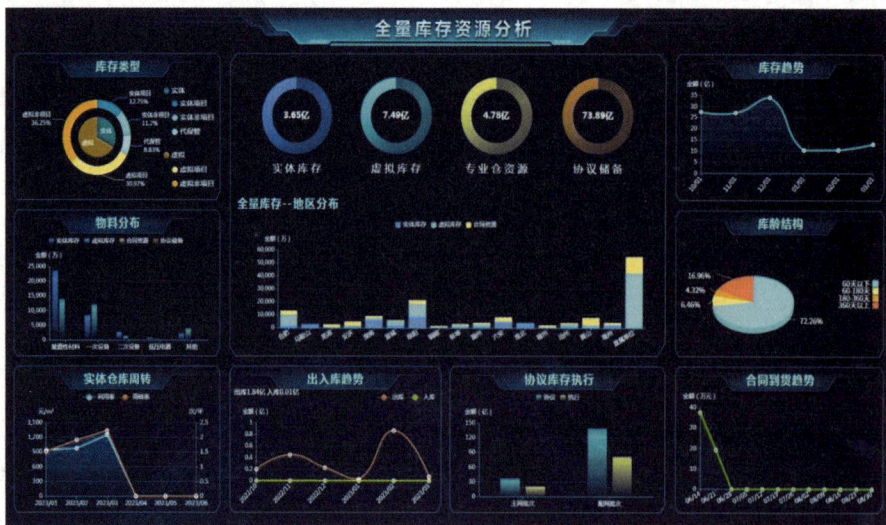

图 3-31　全量库存资源分析

（四）仓储业务监控预警

通过配置待盘活物资预警、整退整领预警、入库及时性预警等指标的预警阈值、预警频率等规则，以及预警处理、审批人员，实现业务合规类与业务效能类风险的自动识别、预警自动推送、分级处理，如图 3－32 所示。

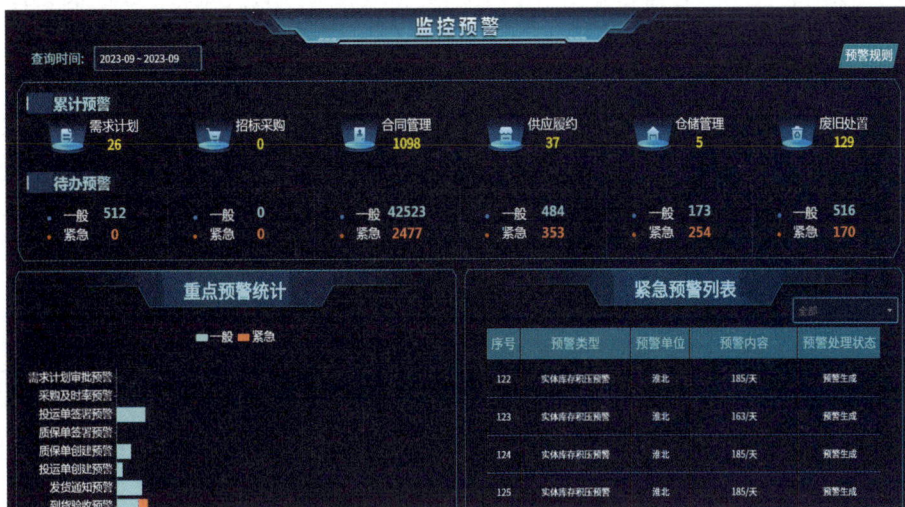

图 3－32　监控预警专题

第四节　仓储管理实践

典型案例一：数字孪生技术在仓储作业中的应用

国家电网公司基于数字孪生技术，打造周转库智慧园区管理平台（以下简称平台），如图 3－33 所示。贯通仓储管理系统、智能设备管理系统等业务系统，综合 IOT

图 3－33　智慧园区管理平台

物联感知、视觉转换、数字孪生等前沿技术，创新物理与数字世界融合，实现指令远程下达、操作自动执行、状态在线监控、信息实时反馈。

（一）主要做法

（1）物联网协同视觉技术，实现实物全要素采集。运用物联感知技术，通过各类传感器、感应装置，采集园区内环境信息；云端 AI 与视觉识别技术贯穿仓库园区管理、仓储作业等全流程业务，开展物资、设备定位精准识别，完成在库设备流、物资流、车流等信息的全量采集。

（2）融合数字孪生技术，推动可视化园区管理。运用 3D 数字建模技术，实时仿真园区内环境，同步复刻设备、物资、车辆状态，打通物理世界与数字世界，实现仓库作业信息全要素完整映射，实现园区动态实时呈现、全方位在线可视。

（3）打造实景与数模孪生互动的数字化仓库。平台贯通智慧仓储管理系统与智能设备管理系统业务，通过可视化调度 5G 智能终端与物联设备在线联合作业，实现仓库物资、设备、业务全程"在线"，作业进度、库存位置等状态实时"在控"，实现作业场景全量可视。

（二）创新点及成效

通过数字孪生平台，建立数字与业务、数字与实物的映射关系，可视化调用在库设备，业务作业效率提高 140%；通过应用智能识别和感知技术，库容利用率提高 30%。为仓储物流园区管理提供决策支撑，大幅提升资源配置能力，构建高效应急物资供应保障圈。

典型案例二：积极打造智能"零碳"绿色仓库

国家电网公司深入落实国务院办公厅关于"打造大数据支撑、网络化共享、智能化协作的智慧供应链体系"的工作要求，按照现代智慧供应链标准，探索打造智能化零碳绿色仓库，助力"双碳"目标落地。

（一）主要做法

（1）从摸清"碳家底"到主动降碳。依据世界资源研究所发布的温室气体核算体系，对冀北检储配基地的碳排放进行核算，摸清"碳家底"。采取节能建筑、智慧建筑、雨水回收、立体绿化等技术，提高库区绿色等级，减少能源和资源浪费，实现库区主动降碳、固碳。

（2）能源降碳与业务降碳并行。充分利用本地可再生能源，建设清洁能源发电、储能、消纳系统，构建零碳电力微网，实现能源碳替代。打造智慧实物管控系统，结合无人叉车、感知定位、智能立库等物联网技术，实现"检储配"信息集约化、作业无人化、管理智能化，从而实现业务降碳。

（3）建设能碳双控平台。采用先进合适的数字化技术，有效支撑能耗管理、碳排放管理、微电网管理、检储配一体化（详见二维码）作业管理等业务需求，实现检储配基地绿色可持续发展，如图3–34所示。

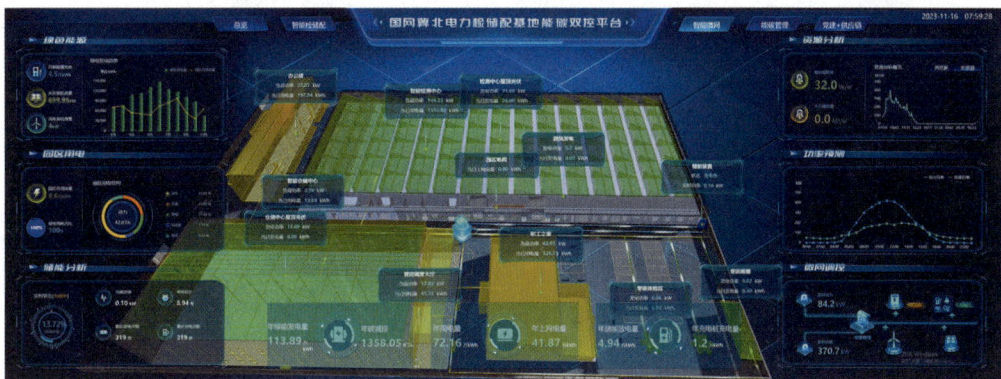

延伸阅读

检储配一体化

图3–34 零碳仓库能碳双控平台

（二）创新点及成效

（1）实现检储配一体化业务高效化、协同化、智慧化，仓储作业效率提升100%以上，仓储存储能力提升至少2倍，实现物资出库效率不小于15托/h。

（2）通过替碳、降碳、固碳、管碳等技术方案实施，冀北检储配基地碳排放实现零排放目标，预计年碳减排803t以上，相当于300辆汽车行驶一万km的碳排放。

典型案例三：智慧共享型仓库建设与运营

国家电网公司围绕"智能装卸、智能搬运、智能存储、智能安防"开展仓储技术创新，建设一批智慧仓库，实现仓储作业能力提升、人工作业环节减少、人员作业安全保障、物资供应能力提升，如图3–35所示。

（一）主要做法

（1）扩展向上空间，提升仓储容量。采取高度密集的立体存储方法，通过提升机和托盘码垛机，在充分利用有限库房面积的基础上使可存储单元最大化，向上扩展3倍存储空间，实现存储容量最大化。

图 3-35　智慧共享仓库

（2）打造无人库区，优化仓储模式。分离存储区与作业区，实施"货到人"拣选及无人化装卸，保障人员作业安全，优化仓储作业模式，出入库效率提高 70%，显著提升业务管理水平。

（3）技术赋能业务，降低运营成本。运用点云技术（详见二维码）实现无人装卸；运用传感器、机器学习技术实现智能安防和运维，同时，借助四向穿梭车、潜伏式 AGV 等先进自动化设备，进一步提升仓库作业能力，有效减少人工作业环节，降低物资仓储的人工成本。

延伸阅读

点云技术

（4）储配一体运作，提升供应质效。该智慧仓库定位于全省各级仓库补给中心，承担配电变压器、变压器台成套设备、JP 柜、柱上断路器等通用物资的集中存储、调拨、配送，为全省农配网工程提供高效物资供应服务，在紧急情况作为应急储备库，提供可靠物资保障。

（二）创新点及成效

通过实施储备定额管理，仓库提前存储抽检合格物资，形成储备资源池，项目单位发生需求时，直接触发领用申请，无需下达供应计划，物资供应周期缩短至 8 天，物资供应时效性提升 90%以上。仓储区域立体化配置，节约使用 $11800m^2$ 土地。下架作业自动匹配领料申请，智能机器人集群自动搬运、装卸，有效减少人工作业环节，单笔下架作业平均耗时由 5min 降至 1.5min，需要人工由 16 人缩减为 8 人，人工成本大幅降低。

典型案例四：物资出入库流程可视化与智能分拣

通过物资出入库流程可视化与智能分拣作业，有力支撑配网物资入网检测、工厂化预置、安全加密、移动运维等工作。

（一）主要做法

应用数字化技术和视频监控手段，通过业务数据的处理、分析，以图形报表形式展示立库物资流程等的实时状态，以视频形式直观对出入库作业现场进行监控。

应用仓储管理系统和仓储控制系统，实时跟踪出入库作业单据状态，按照货位对库内存放物资进行管理，对库区内作业信息进行提示，实现仓库作业任务、出入库流程和货位信息的可视化管理。

采用多自由度移载机器人和辊筒输送线协作模式，完成被检设备的移载和输送。通过检测系统、机器人控制系统及物流控制系统的信息交互和智能调度，完成合格品与不合格品的品质标记和分拣，实现被检物资的品质标记和入库存储，如图3-36所示。

图3-36 机器人智能分拣

应用仓储管理系统的入库管理功能模块、仓位结构功能模块，对品质标记的入库物资作业数据进行分析处理，图形化显示在库货位使用状态，如图3-37所示。

（二）创新点及成效

通过物资出入库流程可视化、机器人智能分拣、智能仓储系统品质数据分析及货位属性标记等功能，实现业务在线处理，精简30%的人员参与密度，提高43%的作业效率。

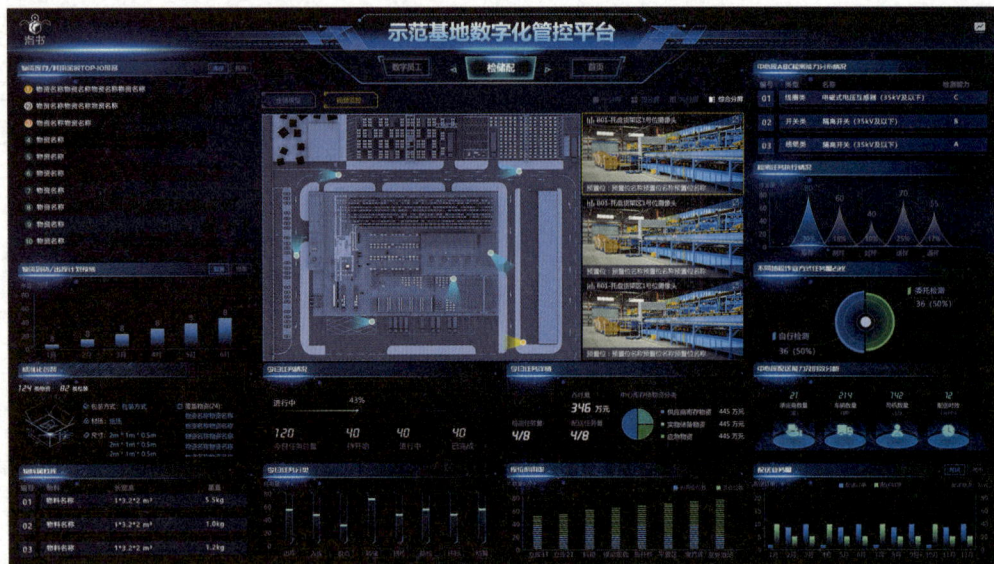

图 3-37　仓储管理系统库存监控

典型案例五：基层供电所"三仓融合"仓储管理创新实践

国家电网公司在某基层供电所构建固定仓、智能微仓、车载移动微仓"三仓"融合的供电所物资仓储管理模式，覆盖供电所全业务场景，如图 3-38 所示。

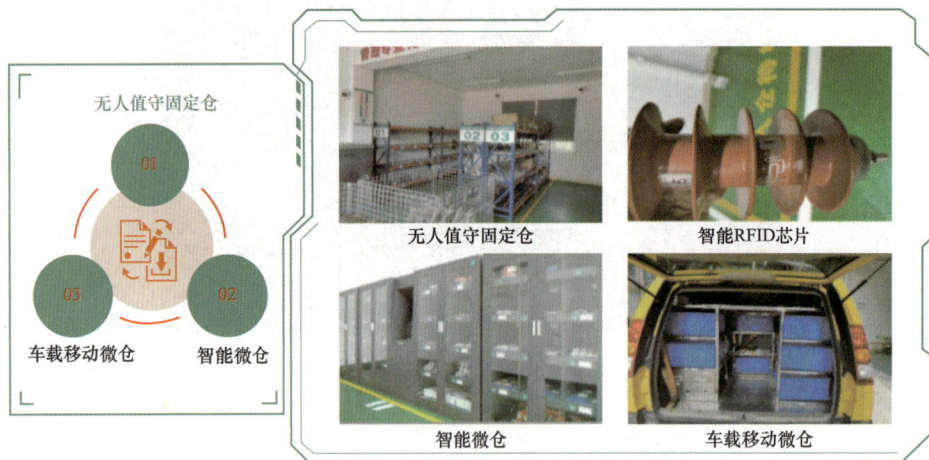

图 3-38　供电所"三仓融合"

（一）主要做法

（1）深化应用仓储管理系统全量资源池。依托 ESC，实现全域全量资源可视共享，强化历史数据运用分析，加快全域物资统筹高效周转。

（2）打造 24 小时无人值守固定仓。深化应用"e 物资"、仓储无纸化等信息化技术，开展物资远程申领；通过人脸、指纹、刷卡等门禁识别技术，快速准确认证领料人身份；集成称重、RFID、仓库超脑等新技术，实现领料出库、盘点作业自助化，构建 24 小时无人值守固定仓。

（3）打造 24 小时智能微仓。将智能微仓部署在偏远山区或负荷中心，储备抢修常用物资、医疗救援包等，避免抢修人员重复跑腿，保障现场快速响应。

（4）打造车载移动微仓。在抢修车辆上建立微仓作为动态支援先锋，放置熔丝、接线端子等小微故障抢修物资，实现小微电网故障抢修即时响应。

（二）创新点及成效

（1）供电所物资管理更加高效。供电所物资实现可视化管控和差异化存储，库存下降 15%，周转效率提升 20%。

（2）抢修时间有效缩短。"三仓"融合为供电所抢修快速响应提供有力支撑，抢修停电时间压缩 35%，进一步提升了周边电网的供电可靠性。

第四章

国家电网公司实物管理

国家电网公司以深化绿色现代数智供应链为主线，以实物资源一体化管控为目标，统筹全量实物资源，实现实物资源科学调配和高效利用，持续提升实物资源利用效率、效益。

第一节　实物定义、分类及管理原则

国家电网公司坚持数据集中、互通共享，全面归集物资库、专业仓实物资源信息，构建统一的全量实物资源数据池，促进跨层级、跨专业资源统筹及利用。

一、实物定义

实物是指存放在国家电网公司各级物资库、专业仓和项目现场的备品备件、项目暂存物资、零星物资及办公用品、供应商寄存物资、工程结余物资、退役资产及供应商库存实物等，实物资源分类图如图 4-1 所示。

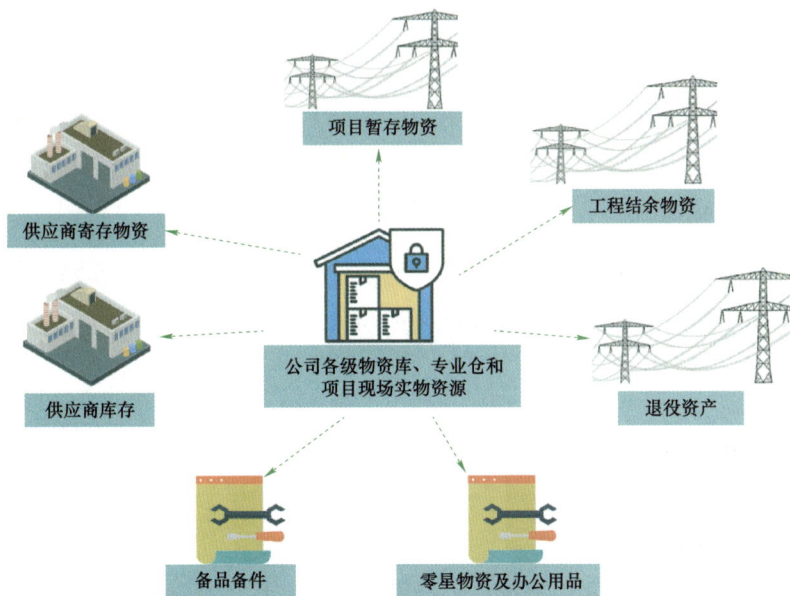

图 4-1　实物资源分类图

二、实物分类

（一）备品备件

备品备件是指为满足电网紧急缺陷处理及故障抢修，统一组织制定配置标准的物资。备品备件按照"定额储备、按需领用、动态周转、定期补库"的模式运作。

（二）项目暂存物资

项目暂存物资是指由于现场不具备收货或安装条件，临时在库、在仓暂存保管，最终用于工程项目的物资。

（三）零星物资及办公用品

零星物资及办公用品是指采购单价低、规格品种多、需求频次高、数量无法准确预测且不属于国家法定必须招标的物资，包含办公用品、办公电器、办公家具、办公日用、化工、仪器仪表、信息化通信设备、低压电器、生产工器具、劳保用品、五金建材、配件等。

（四）供应商寄存物资

供应商寄存物资是指依据采购合同约定，由供应商提前存放在物资库中，待需求确定、领用出库后再办理结算的物资。

（五）工程结余物资

工程结余物资是指因工程项目规划调整、取消、暂停、设计变更、需求计划预测偏差等导致的结余物资。

（六）退役资产

退役资产是指因使用年限、设备性能、技术经济性等原因，退出运行或使用并在库、在仓保管的物资。

（七）供应商库存实物

供应商库存实物是指存放在供应商仓库的试验合格的产成品和关键组部件，应急情况下可调配使用。

三、实物管理原则

（一）合理储备

以满足生产、经营需要为前提，依据设备存量、运行状况、历史库存消耗量、需求特性及灾害天气频率等可量化标准，科学合理测算，编制储备定额，避免积压。应用供应商寄存等多种方式，降低库存水平。加强库存物资供应和消耗数据收集与管理，定期修订物资库备品备件、应急物资等储备目录，专业仓定额编制遵循"一仓一策"原则，按运维设备规模和服务客户数量等维度综合设定。

（二）加快周转

实物储备以省公司为单位实施，储备物资统一采购、集中储备，遵循"先进先出"原则，加快动态周转。实物储备按照项目需求和储备目录合理采购，建立备品备件、应急物资定期轮换机制，加快库存周转，防止由于物资过量采购或长期备而不用造成的库存积压。

（三）永续盘存

实物出入库信息应用供应链平台实时记录，库存数量自动更新。按周期进行库存实物盘点，核对账卡物数量是否一致；检查库仓物资有无积压；检查库仓物资有无超保质期或破损。根据实盘数量分析盘点差异原因，提出处理意见，编制盘点差异报告，办理账务手续。

（四）保质可用

常态化进行库存物资和在仓实物维护保养，日常开展巡视检查、整理和清洁。对于长期未用、技术落后或超过保质期的实物，由专业管理部门开展技术鉴定，根据鉴定意见开展维修、报废等工作，确保状态可用。

第二节　实　物　储　备

国家电网公司实物储备坚持"物资库为主体、专业仓为辅助、供应商为补充"原则，通过物资库目录制管理、专业仓定额管理和供应商库存管理三种主要模式进行管理。

一、物资库目录制管理

（一）电力物资特性

电力物资特性分为需求特性、供给特性、物理特性三个维度，需求特性是影响供应模式的内部因素，包括项目单位上报物料需求准确性、物资单次领用数量及年领用频次等维度；供给特性是影响供应模式的外部因素，包括物资缺货风险、抽检周期、抽检合格率、价格波动性等维度；物理特性是物资自身固有属性，包括物资外观规整程度、重量尺寸、装卸搬运困难程度等维度。

（二）差异化储备目录

国家电网公司从电力物资特性综合分析，制定物资库集中储备、入库中转等物资目录范围，进一步提高存储、检测作业效率，提高入网设备质量和物资供应服务水平。国网应急库存储物资主要包括应急救灾物资、应急抢修工器具和跨省联合储备的备品备件；省周转库存储物资主要包括通用性强、抽检项目多的配电变压器、箱式变电站、柱上断路器、电线电缆等；市县终端库存储物资主要包括使用频次低、运输成本高的装置性材料、一次设备、二次设备等。

二、专业仓定额管理

专业仓存储物资主要包括贴近生产、营销一线需求的备品备件、工器具等实物，依据"一仓一策"原则，制定专业仓定额标准。专业仓定额根据班组、工区、供电所的员工数量、运维设备规模和服务客户数量等维度综合设定，经本级专业管理部门审批、物资部门备案后实施。专业仓定额明确实物种类、数量和轮换周期，储备实物低于定额时，由物资库及时补库；超出轮换周期的实物，通过跨仓调拨等方式加快利用。

三、供应商库存管理

国家电网公司通过 EIP 实现供应商库存管理。平台设置物联品类管理中心，供应商物联数据通过物联网关上传；ERP、MES 系统❶业务数据通过数据通道上传。EIP平台打通供需双方的数据壁垒，将供应商通用性高的产成品及关键组部件库存信息接入 ESC，构筑供应链供需协同、数据共生共享的新生态，消除设备全供应链全寿命周期质量管理的生产制造阶段盲区。目前接入线圈、线缆、开关、二次、表计、铁塔等7 个品类，共含有 108 家供应商的成品、关键组部件、原材料库存，可提升应急状态紧急采购效率，保障应急物资快速供应。

第三节　实物利用

国家电网公司立足实物资源调节供需、保障供应的定位，统筹开展存量资源调配盘活，推动实物流、价值流深度融合，拓展利仓利库渠道，建设实物资源跨省交易专区，加快实物资源盘活利用，推进实物管理精益高效。

---

❶ 生产执行系统（Manufacturing Execution System，MES），是一种用于实时监控、追踪和控制生产过程的信息化系统。MES 系统可以对生产线上的生产过程、资源和数据进行集成管理，以提高生产效率和质量，降低生产成本。

一、全量实物数字资源池

依托 ESC，融合汇聚物资库、专业仓、供应商库存等全量数据，构建"分散储备、信息集中"的全量实物数字资源池（见图 4-2），形成县、市、省、总部四级利库资源池，构建全网资源"一盘棋"格局，实现信息共享，精准支撑供应需求，有效提升供应链资源配置效率和水平。

图 4-2 全量实物数字资源池

二、全域统筹调配

（一）平衡利仓利库

发挥供应链平台资源统筹、桥梁纽带和专业协同支撑作用，将国家电网公司范围内的闲置资源进行汇聚整合，完善线上"先利仓、再利库、后采购"的平衡利仓利库机制，优化匹配逻辑并系统固化，从源头消纳库仓实物资源。

需求计划申报阶段，自动匹配可用库存，按照"谁形成库存，谁负责利库"的原则，实施省、市、县三级平衡利仓利库机制，统筹物资库、专业仓实物利用，提高利库效率。物资需求与可调配物资未完全匹配时，采取以大代小、型号替换等方式进行处理。

（二）跨省实物盘活

按照"完善调配平台、加强专业协同、建立常态机制"的总体思路，以库存闲置资源为重点，通过需求匹配、签订合同、账务处理三个环节，常态化开展库存闲置资源跨区域调配工作，深入挖掘物力资源的再利用价值。

1. 需求匹配

各省公司定期开展库存资源盘查清理，对具备跨省调配的可利用物资，上传至ELP 闲置资源跨省市交易专区。拟调入单位与拟调出单位对接调配物资技术参数，完成需求匹配。

2. 签订合同

跨省实物调配采取销售方式，由调出、调入方协商一致后实施，调出单位根据评估价确定销售价格，调出、调入双方协商签订销售合同。调出单位依据合同，将检修试验合格的调配实物运送至调入单位。

3. 账务处理

实物交接完成后，调配双方及时完成系统出入库账务处理，调出单位按相应税率或征收率计算缴纳增值税，开具增值税专用发票，调入单位做增值税进项税抵扣。

（三）实物统筹调配

对于紧急项目物资调配、重特大灾害应急物资等需求，依托 ESC，汇聚公司物资库、专业仓、工程现场等实物资源信息，接入链上企业实物储备信息，构建内外交互融合的数字资源池，开展跨层级、跨专业、跨省、跨电工电气制造企业的全量资源统筹调配，支撑电力保障和抢险救灾。

三、分类消纳措施

（一）实物分类利用

在库、在仓经鉴定可用的长库龄实物资源，结合输变电工程、配网工程、技改大修等项目安排，分类制定利库（仓）计划及措施，纳入存量盘活计划，加大利用力度。

依托库存大数据分析，物资库实施储备水平管理（种类+数量），备品备件由专业部门按照"一库（仓）一策"管控，超定额、超储备（轮换）周期的存量物资，明确利用时间、数量、去向等，推进实施。对于项目暂存物资，结合项目里程碑计划，明确项目暂存物资领用时间和数量，据实将项目暂存物资领用至施工现场，超期存放物资纳入省级资源池跨项目调配。对于供应商寄存物资，扩展寄存类型和数量，压降自有库存，加强寄存物资在库时长监控，按月跟踪督办寄存物资利用情况。工程结余退库物资在项目可研设计阶段优先选用，也可结合 ESC 实物资源池，在日常生产运维、检修消缺、应急抢修中利库消纳。

（二）盘活利用监控预警

应用 ESC 进行库存物资盘活管控（见图 4–3），实现闲置资源信息可视化查询，同时针对应利未利、长库龄物资等进行预警，实施利库效能监察，督导加快库存物资盘活消纳。

图 4–3　供应链运营平台盘活利用监控预警功能

四、长效盘活机制

国家电网公司以实物资源一体化为目标，滚动优化库仓储备目录、深化库仓贯通联动、强化利库（仓）采购高效联动、优化专业协同管控、固化盘活利库机制，推动实物资源常盘常活，持续提升实物资源利用效率。

（一）库仓目录滚动优化机制

按照综合成本最优原则，结合各级物资库的库容，滚动优化储备目录。制定差异化、精准化的动态补库策略，在计划采购、供应调配等环节应用储备目录，降低采购成本。完善备品备件、应急物资定期轮换机制，严格进行定额管控，对临近储备（轮换）周期的物资及时轮换出库，并按定额实施补库。

（二）库仓贯通联动机制

加强出库入仓贯通应用，强化物资出库时自动触发线上入仓（现场）操作，物资出库信息自动关联专业仓系统，严控其他出库链路，加强出仓路径管控及在线可视，实物全链路精准可溯。强化业务工单与物资库、专业仓联动，在生产 PMS、营销、供电服务等平台开展业务工单与物资出入仓的自动关联，下单点选在仓物料，助力提升精益水平。

（三）利库（仓）采购联动机制

刚性实施自动平衡利库，完善利库资源池，优化场景功能及匹配流程，计划环节严肃利库采购联动审查，需求计划自动匹配可用库存，不利库的特殊情况线上背书审批。建立替代物料对应的映射表并系统固化，提高利库匹配成功率。加强定额结果在采购阶段的信息化管控，对于以定额方式管理的备品备件、应急物资等，若物资库存数量满足定额要求，严禁提报采购需求。

（四）专业协同管控机制

完善信息共享机制，物资部门定期将全量实物资源信息推送至各专业及项目管理部门，强化专业间系统的交互融合，及时发布预警信息，组织并督促专业部门及时开展技术鉴定，物资消纳。健全跨专业协调会商机制，物资部门定期牵头召开利库（仓）协调会，组织各专业及项目管理部门，对积压物资制定明确的利库（仓）计划、去向，督促实施。建立利库（仓）执行约谈督办机制，加强利库（仓）计划刚性执行，按月监控利库（仓）实施情况。

（五）库存智能动态平衡

充分利用国家电网公司人工智能大模型，综合考虑不同情形下的物资需求，以库存数量与需求匹配最佳为优化目标，运用运筹优化技术，针对不同品类物质的合理库存数量进行求解计算，辅助业务人员动态调整库存水平。

（六）通报评价机制

依托 ESC，进行利库信息统计分析，开展月度利库分析、季度成效通报，使利库过程可视化、成效数据化。年度定期组织开展实物资源盘点、鉴定、消纳和处置专项工作，加大利库处置力度，拓展利库渠道，推动实物资源"常盘常活"。

第四节　实　物　信　息

通过实物 ID 将电网实物贯穿全业务链，精准归集资产全供应链全寿命周期关键信息，实现资产全供应链全寿命周期管理。汇聚 ERP、WMS 等平台实物资源数据，共享实物资源信息。利用 ESC 统计分析、监控预警实物资源运营情况，提升工作质效。

一、实物 ID 在物流环节应用

固定资产是电网企业的核心资产，电网实物 ID 突破了各专业传统管理边界，促进业务协同和数据共享，以实物 ID 贯穿全业务链，精准归集资产全供应链全寿命周期关键信息，实现实物流、业务流贯通融合，加强了电网实物资产的全过程管理。

（一）实物 ID 内涵

电网资产实物 ID 是指电网企业在资产管理过程中为了实现项目编码、工作分解结构编码、物资编码、设备编码和资产卡片等多码联动、信息贯通，提升电网资产全供应链全寿命周期管理水平，而引入的资产实物标识编码，是电网资产的终身唯一身份编号。

实物 ID 由 24 位十进制数据组成，编码结构为：公司代码段（3 位）＋识别码（2 位）＋流水号（18 位）＋校验码（1 位）。其中，公司代码段和识别码统一标准制定，公司代码段用于标识实物 ID 归属单位，识别码用于区分不同业务应用生成的实物 ID，校验码用于检查实物 ID 的准确性，采用模数 10 的加权算法计算得出，流水号按照数字序列自动生成，最终实现 35 个物料大类 301 个物料中类 4281 个物料小类全覆盖。

（二）实物 ID 在物流环节应用

国家电网公司深化资产全供应链全寿命周期管理，推进电网资产统一身份编码建设。实物 ID 数据与"e 物资"数据、WMS 数据、物资检测数据相贯通，实现物资流转全周期的赋码管理。通过应用实物 ID，实现对物资基础信息、检测信息、仓储信息、配送信息的扫码追溯，实现物资实时数据采集和记录，提高数据可信度和应用价值。通过物联网技术实现信息的追踪和流转，提升生产效率，同时减少人工作业。

二、实物"一本账"

通过汇聚库存物资存放地点、资金来源、使用目的、账面价值等信息，结合"工厂类型""特殊库存标识"和"库存状态"设置，将各类物资纳入 ERP、WMS、专业仓系统进行统一管理，应用库存可视化功能（见图 4-4），统筹各级物资库和专业仓实物资源，准确反映实时库存信息，实现实物资源"一本账"。通过积累完整、准确的库存台账，应用 ESC 分析物料使用情况，支撑物料标准化等工作，同时为实物利用提供全面、准确、实时的实物信息。

三、跨专业信息协同

（一）实物资源信息共享

通过 ESC 共享实物资源信息，为安监、设备、营销、调控等专业提供实时实物资源信息，打通专业间业务链条，推进 ESC、ECS、WMS 间数据实时传输联动，实

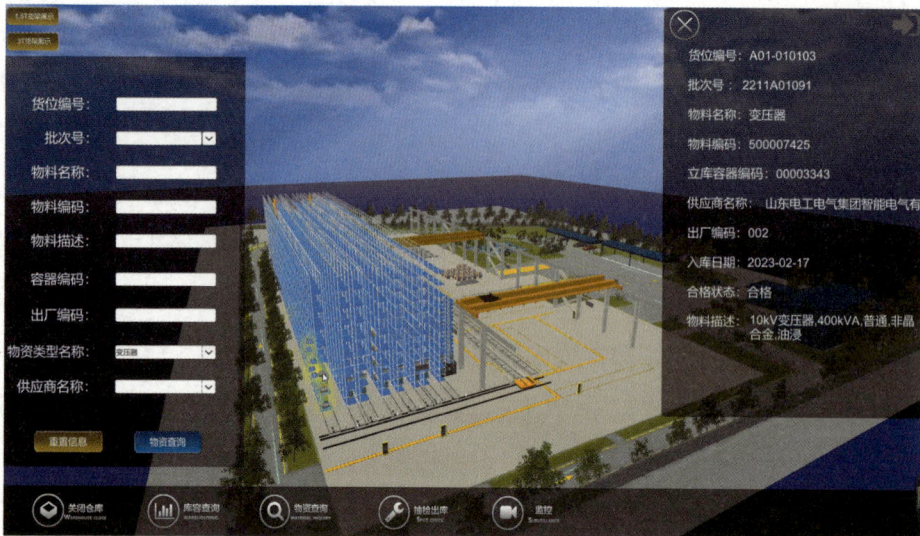

图 4-4　库存可视化功能

现物资需求计划提报、审核、物资匹配寻源、发货、配送、收货全链业务线上实施，
过程留痕、可追溯。应急状态下统筹各方可用资源，快速制定物资应急调拨方案，全
面提升应急响应速度及保障能力，如图 4-5 所示。

图 4-5　实物资源信息跨专业贯通

（二）"四率合一"在领料环节应用

"四率合一"是指物资供应完成率、建设进度完成率、投资进度完成率和入账进
度完成率有机融合，贯通前端项目可研、初设等数据信息，在物资领料环节进行自动
校核，拦截不规范领料行为，建立领料背书机制，提升物资领用规范性。

围绕物资专业疑似领用金额超概算物资需求、疑似领用配电变压器容量不合理等 8 项指标，在 ERP 系统中建设配网工程物资领料事中管控功能，将配网工程项目开工（投产）日期、投资金额、初设设备数量和投产设备数量等数据，与物资领料日期、线缆长度和配电变压器容量等进行规范性校验，建立特殊事项领料背书机制，疏堵结合，推动物资规范领用。开展事中管控结果统计分析，深挖问题成因，持续推动物资管理提升。

四、实物全过程监控

ESC 汇聚 ERP、WMS 等平台的实物资源数据，建成数据分析、业务监控预警等场景，由专人负责日常实物资源的质效指标监控，分析发布库存周转率、长库龄物资预警等指标情况，督办整改，有效解决库存周转率异常、长库龄物资利用不及时等问题。

第五节　实物管理实践

实物管理方面，通过依托供应链"5E 一中心"一体化平台，全面归集物资库、专业仓实物资源信息，推进专业仓管理系统与 ESC、ERP 的数据贯通，在实物储备、盘活利用等方面创新发力，加快推动数智理念在物资供应业务的落地实践。

典型案例一：全链协同的平衡利库机制

（一）主要做法

（1）推动"两级两阶段"平衡利库走深走实。完善利库"资源池"，将具备利库条件的物资纳入"资源池"统一管控。将平衡利库强制嵌入计划申报各环节，系统自动比对物资需求与可利库资源，在地市、省公司两级需求计划报审阶段强制开展利库。跟踪管控利库结果，调拨需求确认后 30 日内完成过账，未按时完成利库时，无法申报采购计划，以实现利库工作"月清月结"。

（2）创新"两级多阶段"全链协同平衡利库机制。以"两级两阶段"平衡利库为基础，在合同签订、履约阶段拓展开展库存物资比对及利用工作。应用库存物资的技术标准、特定尺寸、供应商三类关键参数，在计划报审、合同签订、物资履约环节进行库存物资利用，将 OPGW 光缆、线路金具、普通光缆等 27 类库存物资应用于输变电、主变压器增容、输电线路"三跨"隐患改造等工程。"两级多阶段"全链协同平衡利库机制如图4-6所示。

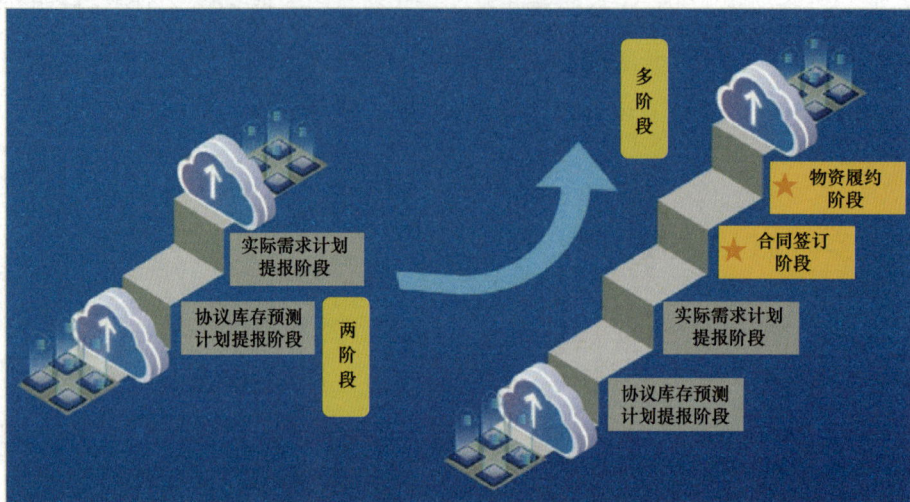

图4-6 "两级多阶段"全链协同平衡利库机制

（3）探索需求计划规范率一体化管控模式。落实需求计划规范率管控要求，实现"项目储备–需求储备–计划提报"业务全流程联动，在此基础上进行延伸，建立工程物资结算与需求计划申报映射关系，对工程物资采购量、入库量与结算量进行一致性校验，确定实际使用量与采购量的差异。通过统计分析历史差异数据，设置合理差异区间，通报工程物资结算与采购计划对应率较高的需求单位，总结优秀经验，全面提升需求计划管理精益化程度。

（二）创新点及成效

依托现代智慧供应链建设成果，应用业务数据开展库存物资数据分析，以"两级两阶段"平衡利库为基础，在合同签订、履约阶段拓展开展库存物资利用，优化物资调拨流程，形成全链协同的平衡利库机制，进一步挖掘库存物资潜力，落实深化提质增效工作要求，提升效率、效益、效能。

典型案例二：实物ID在全供应链全寿命周期中的推广应用

（一）主要做法

（1）系统贯通。以实物ID为主线，新增85个接口规范，应用统一传输协议，贯通计划、仓储、质检、废旧等物资管理系统与财务、设备专业系统，形成各专业数据与实物 ID 的精准映射，为物资全供应链全寿命周期管理提供数据基础。

（2）数据汇聚。将各专业关联实物 ID 的业务数据汇聚至省侧数据中台。通过"e 物资"扫码溯源，精准掌握单体物资合同、质检、仓储、运行等全业务环节状态信息。构建 10 个物资全供应链全寿命周期业务场景模型，实现 ESC 全量物资业务数据可视化，如图 4－7 所示。

图 4－7　ESC 全量物资数据业务可视化

（3）决策分析。基于实物 ID 在供应商管理、质量监督中的应用，选取变压器、组合电器作为试点品类，收集分析监造、抽检、交接验收、运行期间质量问题，开展设备质量大数据专题研究，量化供应商质量得分，生成物资质量变化曲线及品类质量排名，为物资精益化管理提供决策依据。

（二）创新点及成效

基于物联网、微服务❶等技术，推动实物 ID 在全供应链全寿命周期应用，实现物资从需求计划到运行维护，直至退役处置等 16 个业务环节、7 个系统、940 个字段的数据汇聚，形成实物 ID 全供应链全寿命周期数据图谱。"e 物资"扫码溯源物资供应链 200 余个关键信息，使现场检索效率提升了 90%，数据准确性达 100%。深化大数据分析成果应用，为招标采购策略优化、抽检策略调整、差异化监造及供应商评价等提供可靠数据支撑，助力设备采购"好中选优"。实物 ID 全供应链全寿命周期应用如图 4－8 所示。

---

❶ 微服务是一种分布式软件架构方式，它将复杂业务系统按照功能点拆解为独立的业务单元和模块，进行独立开发和部署，具有技术灵活、扩展性强、易于开发和维护、功能单一等特点，能够有效避免功能上的重复建设，满足互联网环境下个性化用户需求。

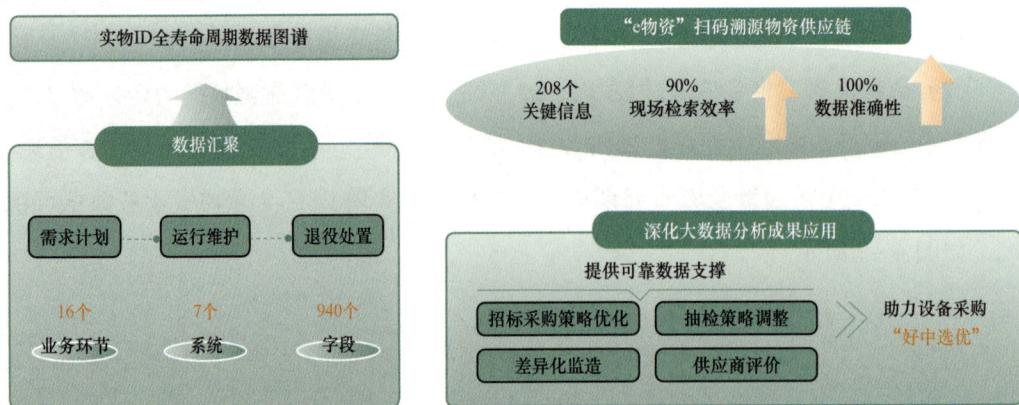

图 4-8 实物 ID 全供应链全寿命周期应用

典型案例三：利用 ESC 平台提升实物资源盘活利用质效

（一）主要做法

（1）对平衡利库监控预警。以批次为维度，对国家电网公司整体利库情况进行监控，利用 ESC 平台实现批次采购申请与所有可用实物库存数据自动比对功能，对应利未利采购申请进行预警，提醒业务人员及时处理待平衡利库申请。

（2）自动推送可利资源。通过物料匹配方式统筹实物库存资源、协议库存资源及长期未执行的订单资源，按照同码同 ID、物料编码一致、物料描述相似、物料小类相同等优先级次序，为业务人员进行有针对性地智能推送，促进可利用资源应利尽利。

（3）建设闲置资源可视化平台。依托 ESC 平台，发挥平台资源统筹、桥梁纽带和专业协同作用，将国家电网公司范围内的闲置资源进行汇聚整合，搭建闲置资源信息对接平台，实现闲置资源信息可视化查询、资源在线调拨一站式管理，保障供需信息互联互通、高效精准匹配，促进闲置资源在更大范围内流转使用。闲置库存资源平台数据展示如图 4-9 所示。

（二）创新点及成效

（1）打破信息壁垒，提升利库周转效率。通过 ESC 平台，实现系统校验，打破传统业务盲区，有效把控资源，使其应用尽用，保障采购需求与库存物资的合理匹配，形成多层次、多环节、跨区域的平衡利库。

（2）扩大筛选范畴，有效盘活资源。针对在库时间较长的库存物资，通过模糊匹配的方式，协助业务人员查找相似物资的信息，通过以大代小、技术改造等手段推动积压库存的消纳。

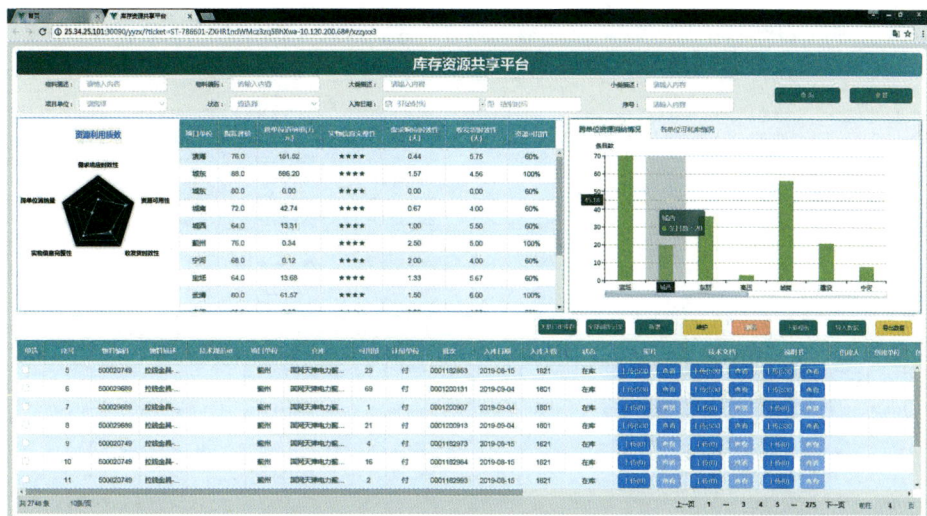

图 4-9　闲置库存资源平台展示

（3）盘活闲置资源，提升管理质效。聚焦工程结余物资的再利用问题，通过搭建闲置库存资源对接平台，实现供需信息互联互通和高效精准匹配，促进闲置资源在更大范围内流转使用，从实物资源中获取最大效益。

典型案例四：基于"四率合一"的物资领用智能管控

（一）主要做法

（1）数据贯通。利用动态耦合映射算法，贯通融合网上电网、PMS、ERP 等业务系统数据，解决数据底表碎片化、离散化等问题，实现数据定义、架构、模型和服务的"四统一"。

（2）事前预警。基于"四率合一"规则，构建投产后仍领料、超规模领用等 9 项预警体系，设置红、黄、蓝分级分色预警，将管控节点前移至事前预警。ESC 物资领料疑似不规范事前预警如图 4-10 所示。

（3）事中管控。构建跨专业共享信息表，围绕物资专业 8 项指标，采取"3+N"方式将合规要求嵌入 ERP 物资领用业务流程，其中"疑似投产后仍领料""疑似在建项目物资领用金额超概算物资需求""疑似在建项目领用配电变压器容量不合理"3 个指标为必选指标，"疑似已开工未及时领料""疑似在建项目领用线路长度不合理""疑似在建项目物资领用金额超概算物资需求""疑似已投产项目领用配变台数不合理""疑似已投产项目领用配电变压器容量不合理"5 项指标可结合本单位管理要求自行选择，实现领用自动拦截和自动解控，对于特殊业务进行备书解控，如图 4-11 所示。

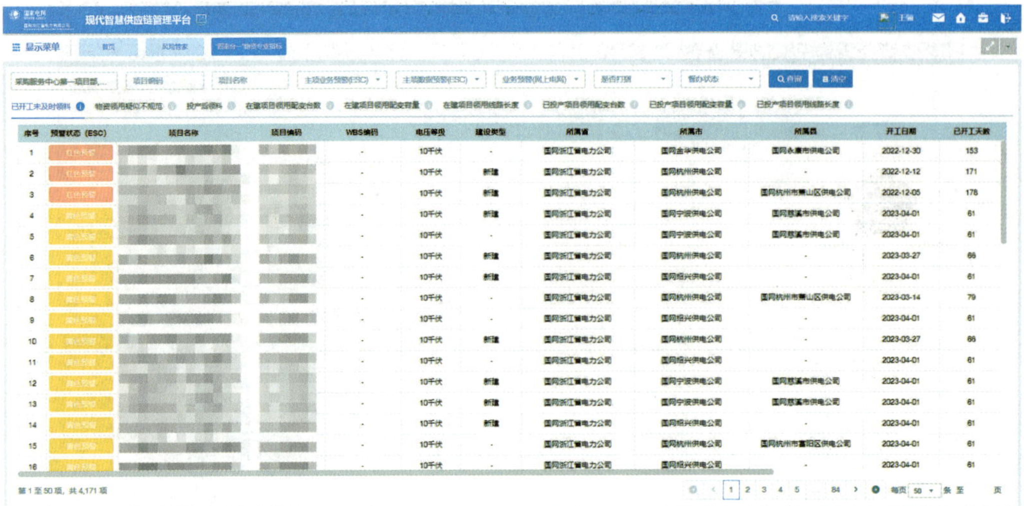

图 4-10 ESC 物资领料疑似不规范事前预警

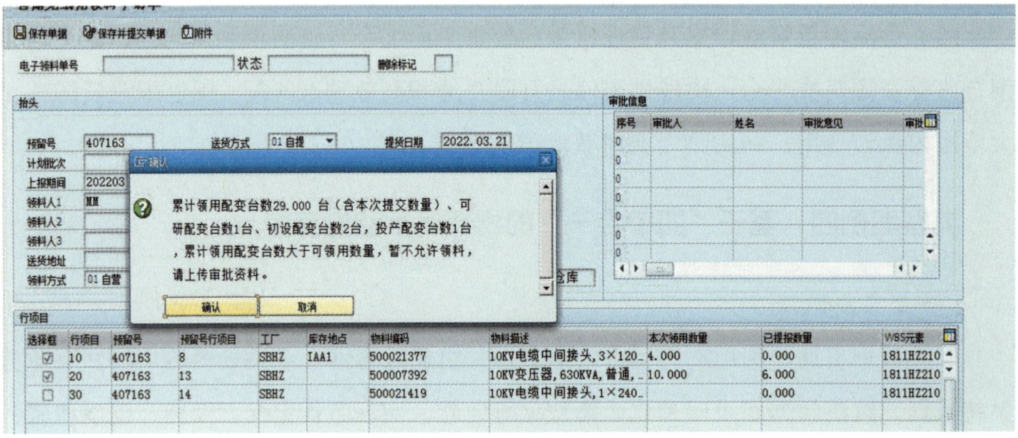

图 4-11 ERP 物资领用拦截

（4）机制完善。绘制物资供应曲线，与建设、投产、入账等进行图形化线性关联和偏差分析，实现进度有机统筹，逐步建立并完善跨专业协同治理的闭环管控机制。

（二）创新点及成效

依托 ESC，基于"四率合一"预警规则，融合多专业数据，构建多个算法模型，在 ERP 领料环节设置强控和风险提示类管控措施，实现工程建设全过程的可视化、精益化管控。物资与规划、建设、设备等专业高效协同，监测项目开工、建设、投产三大阶段，累计拦截领用不规范项目近 300 个，工程领料规范性综合治理率约 58%，实现工程建设全过程精细化管控，有效提升物资领用规范化水平，推动工程建设"四率合一"。

第五章

国家电网公司运输与配送管理

随着国家新一轮科技革命和产业变革的深入推进，国家电网公司全面贯彻国家现代大流通体系发展战略，以智联、协同、绿色为目标，通过打造供应链公共服务平台，推进电网物资一程运输监控全覆盖，二程配送业务全纳入线上实施管理，有效保障各类电力物资供应。依托 ELP 平台、智能终端和绿色装备，实施运力统筹、深化作业协同，开展安全监控、驱动绿色发展，构建现代物流体系，打造能源电力行业级物流生态。

第一节　运输配送管理目标

锚定国家电网公司"全面建设具有中国特色国际领先的能源互联网企业"的战略目标，贯彻供应链创新理念，推动运输配送集约化、数字化、智能化、绿色化、一体化发展。持续推进电力物流服务全面升级，将"大云物移智边链"（详见二维码）先进信息技术和运输配送业务深度融合，实现运输配送智能化建设、智慧化运营，构建完善现代物流体系，增强产业链、供应链韧性，推进物力资源高效流通及高质量发展。

延伸阅读

"大云物移智边链"

推动业务数智联通，深化 ELP 平台应用。整合供应链上下游资源，面向供应商、承运商，提供物流过程数据共享基础信息服务，拓展车货匹配、运单撮合、逆向物流等增值服务，动态监控物资供应风险。加强产配协同、仓配协同，统筹发展第四方物流（省公司物流中心），构建干、支线运输资源相互支撑、共用共享的仓配一体化网络。拓展深化智能配送规划功能应用，提升物流运营效率，降低社会物流综合成本。

深化供应链协同，贯通链上各物流要素。由基础的运输配送服务向一体化深度协同的供应链物流服务转型迈进。加强与物流运输领域企业的战略合作，深化与供应链上供应商、物流企业的协同，依托国家物流枢纽和国内国际物流大通道，共享港口、航空、铁路、仓储等基础设施资源，深化订单、运单、仓单等物流要素的数字赋能，智能匹配差异化运输配送模式，提升电力物资供应保障能力。

加快绿色低碳实践，推动物流绿色转型。改变原有粗放型发展模式，构建物流零碳运输网络，推进绿色低碳运营。结合节能减排等措施，优化交通运输方式，优先选择新能源运输工具，注重资源节约和环境保护。构建设施高效衔接、枢纽快速转运、信息互联共享、装备标准专业、服务一体对接的多式联运、末端配送业务组织体系，形成覆盖区域广泛、结构布局完善、服务层次多样、点线协调配套的现代物流体系。

第二节　运输配送管理体系

国家电网公司以供应链建设为统领，以 ELP 为依托，以物流业务在线协同为手段，发挥供需衔接、资源调配等中枢作用，全面监控"厂到站"一程运输过程，全面支撑"库到库、库到仓、库到现场"二程集中配送，促进运输配送业务创新升级，完善运输配送管理体系，全链条保障物资精准供应，全要素支撑电网建设运营，全场景服务国家电网公司高质量发展，全方位提升产业链供应链的安全稳定。

一、体系概述

依托国家电网公司仓储网络布局，运输配送管理体系分为运输监控、配送规划两大业务。运输监控主要针对供应商直接交付业务场景，由供应商委托物流企业将物资送抵各级物资库和项目现场，主要针对配送条件较复杂、多级流转效率低等情况，由供应商承担运输责任，国家电网公司所属单位对物资运输过程进行监控。配送规划是以库间调拨和发货领料为主要业务场景，库间调拨物资在各级物资库间转储配送，由国家电网公司所属单位委托第三方物流配送或使用自有运力配送到相应仓库。发货领料物资从各级物资库流向专业仓或项目现场，国家电网公司所属单位对配送过程进行管理。

二、业务架构

建立完善高效的运输配送体系，能够有效提升物流效率，降低社会综合物流成本，为供电安全性、可靠性提供保障。在电网建设及生产经营中，存在大量电网大件设备、工程建设物资、生产运维配件物资，其运输配送的可靠性和时效性至关重要。以国家电网公司现代物流体系为统领，以提质增效、安全可控、绿色节能为原则，打造集供应商运输交付、二程配送、逆向物流和应急物流运输为一体的运输配送体系业务架构，如图 5-1 所示。

三、系统架构

国家电网公司着眼现代物流体系高质量发展，以构建完善"运输配送一张网"为目标，深化 ELP 应用，积极推进运输配送体系创新升级。

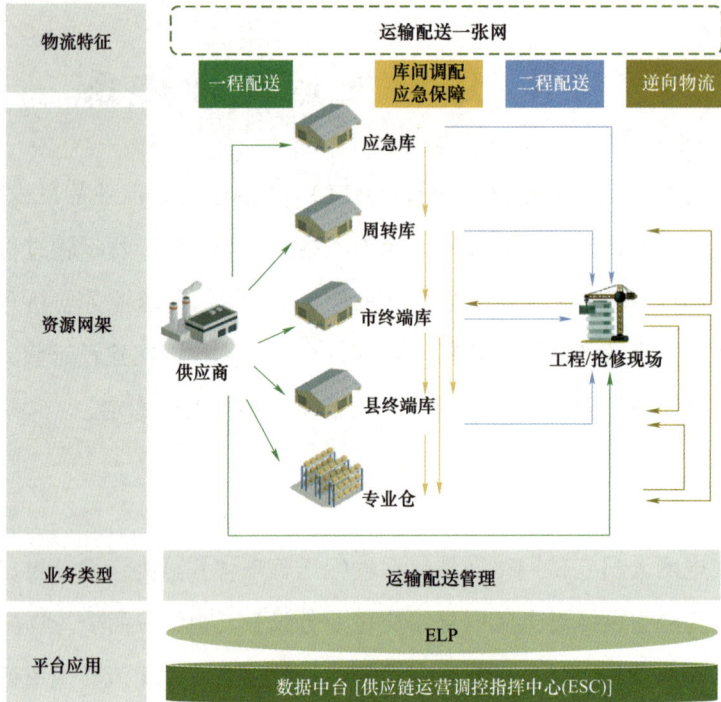

图 5-1　运输配送体系业务架构

（一）功能定位

ELP 是中国首个面向电力行业的 B2B 物流公共服务平台，填补了电工装备、特种设备平台型数字化物流监控的行业空白，是国家电网公司全面贯彻国家现代大流通体系发展战略，结合电网建设及生产经营需要，出资建设的一级部署业务系统，包含运输监控和配送规划两个核心功能，拓展数字沙盘、供需对接、应急运力、服务评价、数据分析、资源共享、资源交易等平台化业务，重点服务电网基建工程大件运输及配网工程末端配送业务开展。

（二）技术路线

ELP 汇聚电网供应链上下游企业资源，应用"大云物移智链"技术，运用"物流＋互联网"思维，为电网设备运输提供全过程可视化监测，构建了全程实时、主动预警、在线追溯、闭环验收的数字化物流管控新模式，实现了物联感知、信息技术与物流业务的深度融合，推动了电网物资供应保障能力的全面提升和电力物流的数字化转型升级。电力物流服务平台汇集物流基础信息，主动对接供应商、承运商，统筹项目物资、区位分布等多重因素，探索实施运单撮合、逆向物流增值服务，自主推送配载联运方案，助力社会物流管理效率提升、效能转化、效益增加，平台业务架构如

图 5-2 所示。

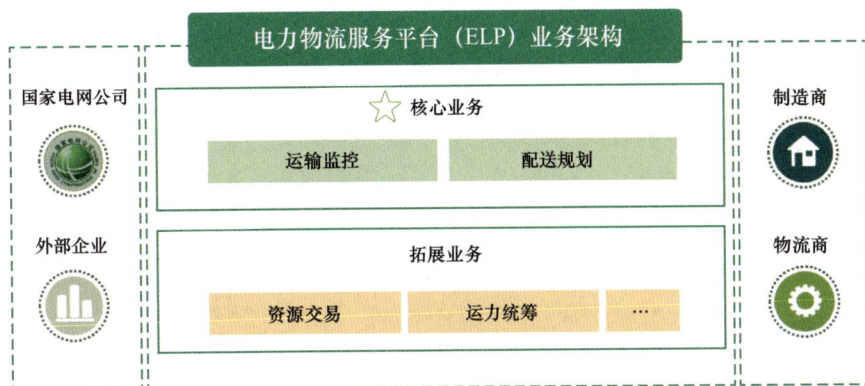

图 5-2　ELP 业务架构

（三）业务应用

依托 ELP，拓展提升运输配送体系服务能力。国家电网公司在成功开展大件设备运输监控的基础上，推进特高压重要设备、110kV 及以上变压器（电抗器）等物资"厂到站"一程运输状态在线监控，其他物资一程运输物流节点在线跟踪，构建大件运输"门到门""一物一策"的一体化联运服务模式，培育了一批电网设备大件运输专业物流企业。深化 ELP 在应急运输配送中的应用，运力资源平时储备、战时应急响应，物资运输过程全程在线监控，探索建立铁路、公路、水运等多元组合、多式联运模式。

加强区域统筹调配和物资运输监控，必要时依托属地联系交管部门获取绿色通行许可，保障供应链物流"大动脉""微循环"运行畅通。

构造"库仓配"协同一体化架构，发挥网省公司资源统筹、物联配送优势，深化以库为实物中转场、专业仓和项目现场为暂存点的主动配送业务体系，构建"点对点"班车配送、"一对多"集中领料等多模式互补的物流配送网络，推进智能规划，提升配网物资配送效率，降低综合物流成本，平台功能架构如图 5-3 所示。

（四）实施成效

自 2019 年 12 月 31 日 ELP 上线以来，累计注册承运商 628 家、车辆 2146 台、司机 1956 人。设备安全运输 43000 台次、监控总里程 1668 万 km，高效保障雅中—江西、白鹤滩—浙江特高压及攀西电网、川藏铁路配套等 5600 余项重点工程设备材料及时、安全、有序运抵现场，充分发挥了现代物流体系的保障作用。

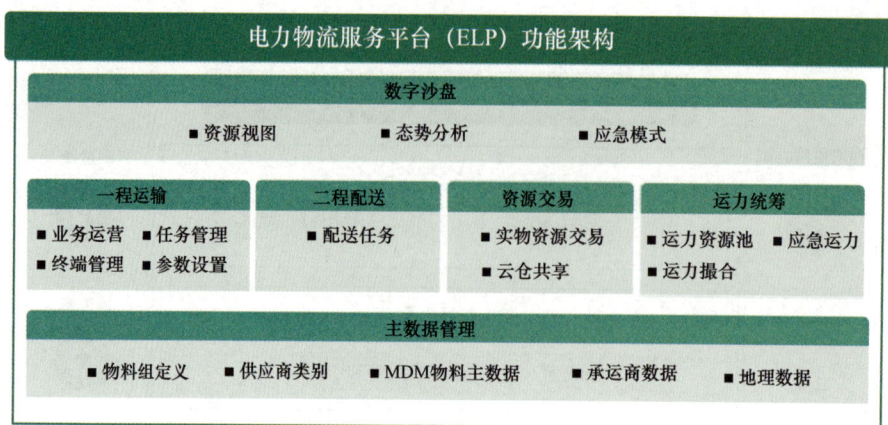

图 5-3 ELP 功能架构

第三节 运 输 管 理

运输管理是针对电网建设及生产经营需要，以电网物资运输安全为出发点，实现一程运输（"厂到站"）在线监控全覆盖的一系列管理活动，包括普货运输管理、大件运输管理。

一、普货运输管理

（一）范围和特点

普通货物运输是指电网生产建设的电容器、避雷器、铁塔、导线、金具、绝缘子等电力物资的运输。普货运输没有特殊的运输条件或要求，也不需要特殊的报关、检验、包装手续，适用于多种运输方式，如公路运输、水路运输、铁路运输等，既适合整车运输，也适合零担运输。

按照业务流、运输时效性要求，普货运输可分为常规普货运输、紧急普货运输。

（二）常规普货运输

充分应用社会公共资源，依托 ELP，接入第三方物流市场化服务数据，实时获取车辆运输状态、运输轨迹等关键信息，开展物资运输全过程监控。

整车运输管控。需求单位通知供应商发货后，由供应商委托第三方物流进行整车运输。需求单位依托 ELP 接入第三方物流承运商车辆运力数据。在整车运输过程中，通过第三方物流车辆上安装的监控终端设备获取车辆在任何时刻的位置、速度、里程、沿途道路状况、货物照片等信息，运输节点信息，异常情况实时预警信息，以及车辆到达目的地后的货物交付信息等，实现运输过程正向可追踪，逆向可溯源，全程透明可控、安全可靠。

零担运输管控。需求单位通知供应商发货，供应商委托承运商运输，承运商受理托运后，调度自有车辆或社会化车辆进行货物配载装车，需求单位依托电力物流服务平台，综合应用车辆终端定位、司机 App、移动电话等多种方式，跟踪监控货物运输，及时获取关键运输节点信息、收发货时间信息等，实现运输过程可控，规避货物丢失、损坏等额外成本风险，提高运营效率。

（三）紧急普货运输

紧急普货运输是指在自然灾害、各类突发事件等紧急情况下，以最短的时间，采取非常规的紧急运输方式，将现场急需的各种电网物资快速运送到项目现场。紧急普货运输要求建立统一的应急运输配送系统，全方位负责各类紧急普货运输密切相关的计划、控制与实施工作，实现运输各环节高效协作。通过事先制定科学的应急运输预案，建立严格的应急指挥、协调机制，以确保及时、高效地完成电网普货紧急运输任务。

依托 ELP 和物联终端，在接到物资紧急调拨指令后，迅速启动，及时组织运输配送，对运输过程进行实时跟踪监控和信息反馈。

二、大件运输管理

电网大件设备是指电网建设生产中的大型设备或构件，主要包含 110（66）kV 及以上变压器、特高压工程中的变压器、电抗器、换流变压器等设备。大件运输是指运输超长、超宽、超高、超重或形状特殊的电网大件设备的运输方式，其主体责任是供应商。国家电网公司大件运输管理工作旨在监督供应商严格履行采购合同，确保物资按工程需求安全如期运抵施工现场。

（一）范围和特点

1. 大件运输范围

大件运输的外形尺寸或质量应符合下列条件之一：

（1）物资外形尺寸：长度在 14m（含）以上，或宽度在 3.5m（含）以上，或高度在 3m（含）以上，且不可解体或变形。电网大件设备运输参数见表 5–1，电网大件设备分级规定见表 5–2。

（2）质量：单体质量大于等于 40t。

表 5-1 电网大件设备运输参数

序号	工程类型	设备类型	设备参数（长×宽×高：m×m×m）	设备质量（t）
1	110（66）kV 交流输电工程	变压器本体	（5.0~9.0）×（2.0~3.5）×（3.5~4.5）	40~100
2	220kV 交流输电工程	变压器本体	（8.0~10.0）×（3.6~4.0）×（4.0~4.6）	100~280
3	500（330）kV 交流输电工程	单相变压器本体	（8.0~10.0）×（3.6~4.0）×（4.0~4.6）	100~200
4		三相变压器本体	（9.0~12.0）×（4.5~5.0）×（4.0~4.6）	300~450
5	±500kV 直流输电工程	变压器本体	（8.0~11.0）×（3.7~4.0）×（4.5~4.85）	240~320
6	750kV 交流输电工程	变压器本体	（8.0~10.5）×（3.7~4.0）×（4.5~4.85）	220~280
7		电抗器本体	（4.0~7.5）×（3.7~4.0）×（4.0~4.5）	70~120
8	±800kV 直流输电工程	变压器本体	（8.0~13.5）×（3.8~4.7）×（4.8~5.1）	250~370
9	1000kV 交流输电工程	变压器本体	（9.0~12.0）×（4.8~5.5）×（4.9~5.05）	330~410
10		电抗器本体	（4.4~9.1）×（3.7~4.5）×（4.8~5.0）	140~250
11	±1100kV 直流输电工程	变压器本体	（12.5~13.9）×（3.9~5.2）×（4.8~6.0）	300~530
12	/	调相机定子	（9.0~10.5）×（3.6~3.8）×（3.6~4.0）	200~250
13	/	调相机转子	（12.0~14.5）×（2.0~2.5）×（2.0~2.5）	70~90

表 5-2 电网大件设备分级规定

大件设备等级	电压等级（kV）	设备名称
一级	110（66）	变压器本体
二级	220	变压器本体
三级	500（330）	变压器本体
四级	750 及以上（含直流）	变压器本体、换流变压器本体、电抗器本体
	/	调相机定子、调相机转子

2. 大件运输特点

电网大件设备需求量大、附加值高，前期运输准备工作繁重，运输难度和复杂程度远大于普通货物运输。

（1）重要性。大件设备往往是大、中型电网建设项目所需的关键设备，能否按照约定时间顺利到达工程现场将会影响整个工程的顺利投运，必须高度重视，确保其运输的及时性。

（2）特殊性。大件设备往往不可分割，单个设备的尺寸、重量严重超限，部分大件设备的高度达到 5m，重量接近 400t，严重超限，且规格型号复杂，不易叠放，运输十分困难，很容易影响公共交通安全。大件运输在中国公路运输法规中属于超限运输，同时受到工程技术标准与超限运输车辆标准两项限制，对于路宽、桥高、拐弯半径等都有特殊要求，需特殊对待，降低其对公共运输安全的影响。

（3）复杂性。大件设备通常使用专用牵引车辆、特种载具运输。运输前期需要规划、勘探路线，对运输所经道路，提前开展路障清除、桥梁加固、河道清淤等工作。运输途中，需要严格按照设计的路线，依据既定的预案进行吊装、运输和转运作业，监管人员需对运输全程进行密切监控。运输到站后，分析、核查在途运输监控数据，确保设备安全。

（4）设备价值高。大件设备具有技术含量高、经济价值高的特性，自身运输的安全要求十分严格，对运输车辆性能、运输速度有特别的规定，如在运输过程中由于冲击或碰撞造成设备损坏，将导致巨大的经济损失。同时，由于其生产工序多、周期长，造成损坏后，维修耗时长，严重影响工程的按期投运。

（二）组织模式

特高压工程大件运输通常由一程运输、二程运输两部分组成。一程运输指设备本体由制造厂运输至合同指定地点交货（厂家到码头、车站），道路改造实施主体为大件设备供应商，国网物资部组织国网物资公司对一程运输进行督导协调及运输管控。二程运输是指设备本体由合同指定交货点运输至变电站/换流站内指定位置，道路改造实施主体为中标承运单位，国网特高压部组织建设管理单位对二程运输进行组织管理。

特高压交流工程大件运输通常为一程运输，直接由供应商基础交货；特高压直流换流变压器的一程运输通常由供应商车站码头交货，车站码头至站内的二程运输由建设管理单位负责组织。

常规电网工程大件运输通常由供应商负责，大件设备直送施工现场。四川、重庆等地区的大件设备由一程运输和二程运输组成，运输组织模式同特高压大件设备运输。

（三）前期准备

大件运输是依法经申报审批，提供大件运输服务的，有起止地点、时间的物流过程。通常包含前期收集资料、勘察运输线路及施工现场、编制和审查运输方案、申报与排障、大件接收、运输实施和过程控制、交付验收和项目总结等环节。

1. 项目启动

为确保大件运输的安全及时完成，承运商应按项目规模大小、工程特点、实施难度及风险程度设立项目部，对大件运输项目开展科学合理的计划、组织、控制和协调工作。一般大件运输项目部采用直线职能式组织结构，设置项目经理、技术负责人、HSE❶负责人、质量负责人、作业负责人等职能岗位，配置齐全项目作业人员，建立健全安全管理、质量管理、服务跟踪制度，有效管理大件运输项目全过程，确保实现项目安全、质量和工期目标。

2. 资料收集

资料收集主要是指收集大件运输相关资料。供应商组织承运商充分了解大件设备的相关参数、运输吊装图，包括但不限于大件设备的外形尺寸、质量、重心位置、吊点位置、顶推或牵引位置。落实发运计划，包括但不限于每批次设备的清单、发运时间、起止地点、运输期限和运输要求等信息，必要时进行货物勘验。结合项目需求进行必要的勘察，编制勘察报告，根据勘察情况设计运输实施方案，并进行理论校核，提前做好安全、质量、工期保证及环境保护措施，针对可能遇到的风险制定应急预案。

3. 方案审查

大件运输方案是大件运输实施前制定的指导性文件。在前期准备工作完成后，国家电网公司各级物资公司或受其委托负责大件运输管理的工程建设单位、监理单位，参加供应商组织的方案审查会，了解大件运输方案及运输计划，并进行方案审查，对具体方案和应急预案提出相关改进要求及措施。

方案审查主要依据为大件运输项目招标文件、项目合同、电网大件运输规范、运输合同等相关文件、标准和规范等。审查内容包括但不限于项目概况，编制依据，组织机构，作业方法，通用设备配置（包括车辆、船舶、吊装机械、人工装卸工具、辅助施工机具设备等），安全、质量、工期保证及环境保护措施（针对作业过程中对大件运输的安全、质量、工期及环境造成负面影响的因素，制定相应的防范及应急措施），危险源分析与控制措施，其他（包括电网大件的相关图纸、运输路线图、装载图、施工作业布置图，重要机具的技术参数和图纸、图片等）。

---

❶ HSE 是 Health（健康）、Safety（安全）、Environment（环境）的英文缩略语，HSE（职业健康、安全、环境）是指健康（Health）、安全（Safety）和环境(Environment）三位一体的管理体系。该管理体系通常包括一系列政策、程序和实践，旨在预防事故、保护员工健康、降低环境影响，遵守相关法规和标准，提高企业的整体运营效率，实现可持续发展。

三、运输方式管理

电网物资运输方式可分为普货运输、大件运输两类。

（一）普货运输方式

普货运输方式通常包括公路运输、铁路运输、水路运输和航空运输。选择合适的普货运输方式需要考虑电网物资的特性、运输距离、时效要求和成本等因素。

常见的电网普货运输方式有以下几种：

1. 公路普货运输

公路运输是电网物资供应最常见的普货运输方式，具有机动灵活、适应性强、时效性强、运输成本相对较低等优点。公路普货运输可以实现门到门服务，满足短期和长期运输需求。运输方式可通过卡车、挂车或其他货运车辆进行，通常适用于国内货物运输，可以覆盖城市间和乡村间小批量货物的运输需求。在选择普货公路运输时，需要考虑货物的体积、重量、运输距离、交通状况及货物的特殊要求等因素。电网普货运输一般较常采用公路运输方式。

2. 铁路普货运输

铁路普货运输具有运量大、速度快、成本较低的特点，适用于长途、大批量的电网普货运输。铁路网络覆盖广泛，可以实现全国各地的货物运输。

3. 水路普货运输

水路普货运输可分为沿海运输和内河运输两种形式。沿海运输包括集装箱运输和散货运输。内河运输适用于河流、湖泊等水域范围内的普通货物运输，具有成本低、环保等优点，但受水域条件限制。

4. 航空普货运输

航空普货运输指利用飞机等航空器进行运输。航空普货运输适用于高价值、易损、急需的货物，具有速度快、时效性强的特点，可用于长途、紧急需求的电网物资供应保障。

（二）大件运输方式

大件运输方式包括公路、铁路、水路、多式联运。110kV大件设备多采取公路运输方式，220kV及以上包括特高压工程的大件设备运输以多式联运的方式为主。

1. 公路大件运输

公路大件运输是指通过牵引车头增加配重后，牵引桥式框架车或液压平板轴线车的方式进行的大件运输工作。重型牵引车信息见表5-3，桥式框架车信息见表5-4，液压平板车信息见表 5-5。公路大件运输的优点在于灵活直达,可实现门对门的服务,节约时间;适应性强,受环境条件影响小;短途运输迅速便捷;服务面广。其缺点在于超限车辆运输的申请和审批较为复杂、特定运输道路排障困难等。公路大件运输车辆按其牵引部分和承载部分可分为牵引车、挂车和动力挂车,如图 5-4~图 5-6 所示。

表 5-3 重型牵引车信息

功率	运输企业名称	品牌	数量
600 马力以上	中特物流有限公司	法国尼古拉斯	1
		法国雷诺	2
		德国奔驰	12
		德国曼	5
600 马力以下	陕西大件汽车运输有限责任公司	德国奔驰	8
		德国曼	1
	陕西中电大件汽车运输有限责任公司	德国奔驰	5
		瑞典沃尔沃	4
	上海中远物流重大件运输有限公司天津分公司	德国曼	1
		德国奔驰	7
	哈尔滨龙吉大件运输有限公司	德国奔驰	7
	中国第二重型机械集团德阳成路运业有限公司	德国曼	1
		德国奔驰	2
	上海中远物流重大件运输有限公司大连分公司	德国奔驰	2
	河南电力博大实业有限公司	德国曼	1
		德国奔驰	1
	武汉远洋大型汽车运输有限公司	德国奔驰	1
	安徽送变电工程公司大件运输分公司	德国曼	1
	浙江省送变电工程有限公司	德国奔驰	3

表 5-4 桥式框架车信息

运输企业名称	品牌	总量	技术参数(t)
上海中远物流重大件运输有限公司天津分公司	法国尼古拉斯	1	600
	法国尼古拉斯	2	300
	法国尼古拉斯	1	200
中特物流有限公司	株洲中车	2	500
	株洲中车	1	320
	株洲中车	1	240

续表

运输企业名称	品牌	总量	技术参数（t）
哈尔滨龙吉大件运输有限公司	武汉天捷	2	400
	武汉天捷	1	350
	武汉天捷	2	200
河南电力博大实业有限公司	武汉神骏	1	500
	武汉神骏	1	350
安徽送变电工程公司大件运输分公司	北京祥龙	1	500
浙江省送变电工程有限公司	武汉神骏	1	500
郑州大运运输有限公司	武汉神骏	1	500
陕西大件汽车运输有限责任公司	巨野	1	450
武汉远洋大型汽车运输有限公司	国产	1	400

表5-5　　　　　　　　　液压平板车信息

运输企业名称	品牌	总量	轴数	载重（t）
上海中远物流重大件运输有限公司天津分公司	德国索埃勒	1	182	单轴载重33
	法国尼古拉斯	1	72	单轴载重29
	法国尼古拉斯	1	15	单轴载重30
中特物流有限公司	意大利COMETTO	1	90	单轴载重30
	德国歌德浩夫	1	14	单轴载重30
	万山	1	78	单轴载重20
	上海水平	1	20	单轴载重20
武汉远洋大型汽车运输有限公司	法国尼古拉斯	1	55	单轴载重25
	德国索爱勒	1	12	单轴载重25
安徽送变电工程公司大件运输分公司	德国歌德浩夫	1	32	单轴载重34
	上海水工	1	18	单轴载重30
浙江省送变电工程有限公司	德国歌德浩夫	1	32	单轴载重34
	武汉神骏	1	14	单轴载重30
河南电力博大实业有限公司	上海水工	1	27	单轴载重22.5
	上海水工	1	18	单轴载重22.5
	德国歌德浩夫	1	18	单轴载重34
上海中远物流重大件运输有限公司大连分公司	德国索爱勒	1	20	单轴载重30
	上海水工	1	51	单轴载重22.5

运输企业名称	品牌	总量	轴数	载重（t）
哈尔滨龙吉大件运输有限公司	武汉神骏	1	74	单轴载重 27
	武汉天捷	1	86	单轴载重 27
浙江送变电公司大件运输公司	德国歌德浩夫	1	33	单轴载重 30
	其他	1	12	单轴载重 30
江西中超集团有限公司大件运输分公司	上海水工	1	12	单轴载重 13.5
	意大利歌德浩夫	1	14	单轴载重 34
	上海水工	1	9	单轴载重 13.5
	上海水工	1	8	单轴载重 13.5
广西南宁超巨运输有限责任公司	上海水工	1	15	单轴载重 23
	上海水工	1	10	单轴载重 35
	上海水工	1	10	单轴载重 25
	上海水工	1	7	单轴载重 17
陕西中电大件汽车运输有限责任公司	武汉神骏	1	180	单轴载重 20
衡阳市宏电物流有限公司	上海水工	1	7	单轴载重 22
郑州大运运输有限公司	武汉神骏	1	48	单轴载重 20
南昌大件运输有限公司	连云港东宝	1	7	单轴载重 20
	武汉天捷	4	8	单轴载重 20

图 5-4　重型牵引车

图 5-5　液压平板车

目前，适用于中国公路大件运输的超重型车辆较多，运力资源相对丰富。国内各运输企业重型牵引车牵引的总质量通常在 100t 以上，一般采用了大功率发动机、变扭器、分动器和重型驱动等。主要品牌为德国奔驰、德国曼、法国雷诺等，驱动型式为 6×6 或 8×8，并都带有变扭器。

图 5-6　桥式框架车

公路路况是当前客观制约公路大件运输的主要因素，包括公路质量等级、路面宽度、桥涵承载能力、道路建筑界限等。运输过程中常会出现运输沿线障碍的情况，也会影响到公路大件运输。但因公路运输灵活性大，通过踏勘等前期翔实工作，可有效避免或绕开诸如桥梁、涵洞等客观制约因素，见表 5-6。

表 5-6　　　　　　　　　　公路大件运输的主要影响因素

影响因素	主要内容
极限运输参数	运行车组的极限运输参数及对道路的参数要求由大件设备货物的规格、重量和所选运输车辆的结构、性能参数确定，主要包括车组运行宽度、高度、转弯半径、车货总重及轴压等
运输线路的通行参数	包括运输线路的通行宽度、转弯半径、纵坡及横坡、道路平整度、线路高空障碍等对大件运输通行的限制因素，因运输道路限制导致的运输作业环节及风险的增加等
运输线路排障情况	包括为满足大件运输要求所需要做的排障量、排障时间、排障难度及费用等相关因素
运输线路途经地区行政管理、法规影响	包括大件运输途径区域相关交通、行政法规的要求、行政管理部门执法水平等因素
运输路线通行费用	包括大件设备通过该运输线路所需的排障费用、协调费用、交通行政管理费用等

2. 铁路大件运输

目前铁路长大货物车已逐步成为国家重点工程大型设备长距离运输的基础工具。长大货物车是供运输重量特大或长度特长的货物的车辆，车辆品类有凹底平车、长大平车、落下孔车、双联平车、钳夹车五大类别。其中大件运输中主要采用落下孔车 DK29、DK36、DK36A。目前，具有铁路大件运输能力和 DK36A 落下孔车运输优势的企业共 2 家，分别为中铁特货大件运输有限公司、中特物流有限公司，可用车辆为 21 辆。落下孔车信息见表 5-7 和图 5-7。

表 5-7　　　　　　　　　　落 下 孔 车 信 息

运输企业名称	数量（辆）	规格型号	主要参数
中铁特货大件运输有限公司	12	DK36A	载重：360t；自重：182t；轴数：24；外形尺寸：13000×（2460~3550）×3760
中特物流有限公司	4	DK36	载重 360t；外形尺寸：13000×3500×4850
	2	DK29	载重 290t；外形尺寸：13000×3500×4850
	3	D26B	载重 290t；外形尺寸：10500×3500×4850

图 5-7　DK36 落下孔车

　　货物尺寸、重量不得超出铁路部门相关要求，成为大件铁路运输的主要制约因素。铁路部门分别称之为超限运输、超重运输。超限运输涉及的部门繁多，制约因素较多，如装载与加固方案、装载车型选择、运行径路选择、运行时段选择、中间停靠站选择等。铁路超重货物运输具有一定的限制，要求车辆及装载货物的总重不得超过铁路桥梁设计的标准。火车装卸换流变压器现场如图 5-8 所示。

　　3. 水路大件运输

　　水路大件运输按其航行的区域，可分为沿海运输和内河运输两种形式。

　　水路大件运输承载能力强，对货物外形尺寸和重量限制要求低。通行条件允许的情况下，单船可以同时运输多件大件设备。对于长距离大件设备运输，水路运输是较理想选择，具备通行性好、平均运距长的优势。但水路运输受自然条件影响较大，内河运输的主要制约因素有航道等级、水上建筑净空尺寸和船舶型式等。沿海运输则主要考虑台风等自然灾害的影响，风险较大。此外，受地理位置限制，及港口和吊装条件限制，水路大件运输一般不能实现"门到门"服务，需要与公路联运。

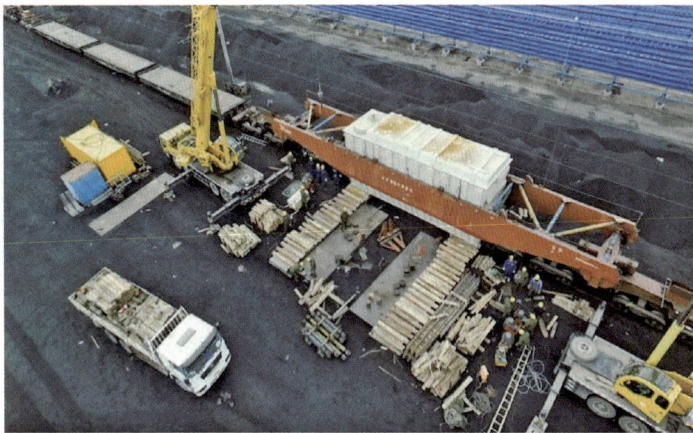

图 5-8 火车装卸换流变压器现场

目前用于沿海运输的船舶主要有自航式深舱船、滚装船和全甲板驳船等，用于内河运输的船舶主要有深舱驳船、甲板驳船、滚装驳船等。大件海船卸货和深舱驳船内河运输如图 5-9 和图 5-10 所示。

图 5-9 大件海船卸货

4. 多式联运

多式联运是指由两种及以上的运载方式，相互衔接、转换而共同完成的大件运输过程。大件设备生产制造商或供应商所在地与电网工程项目施工现场一般相距较远，跨越多个行政区域，单一的运输方式有时无法满足运输要求，因此需要多式联运。

图 5-10　深舱驳船内河运输

大件设备常采取公路、铁路和水路之间的联合运输。特高压工程大件设备运输，一般遵循"具备水运条件的优先公水联运，不具备水运条件的优先公铁联运"的原则，选定大件运输方式。1000kV 主变压器、1000kV 高压电抗器、受端换流变压器多采用公路运输或公水联运方式，送端换流变压器、西北地区 750kV 主变压器多采用公铁联运方式。常规电网基建工程物资一般采用公路运输、公水联运方式。

四、物联终端管理

应用 ELP 运输监控功能，使用物联终端数字化管理手段，实现对电力物资运输的实时监控和自动预警，对电网大件物资运输全过程在线监控，通过运输安全监控、运输进度监控、运输异常报警、运输数据分析，有效提升各级电网工程物资运输统筹管控能力，科学防控设备运输风险。

（一）物联终端设备

ELP 的物联终端，是由国家电网公司主导，组织国内领先的设备厂商研制开发的物联网设备终端，先后成功研发 11 款终端产品。物联终端分为专业版、标准版、基础版三种类型。

物联终端是基于物联网技术的移动互联、货物和物流的监测设备，是应用 ELP 运输监控服务的基础设备，能够对运输任务进行全过程在线监测，在任务开始时启动设备监测，在任务结束时停止设备监测，其采集数据接入电力物流服务平台，用于运输过程中的数字化物流服务。

物联终端在运营单位指定检测机构开展接入检测、供货检测和运行检测三类检测。通过上述检测的物联终端，由物联终端供应商、持有物联终端的用户，向 ELP 运营单位提出接入申请，并提交指定检测机构的检测报告。运营单位据此安排电力物流服务平台生产环境进行实地验证，验证通过后提供相应证明，并组织完成后续的正式接入配置、认证工作。

1. 专业版物联终端

专业版物联终端主要应用于大件设备及重点物资的运输过程监控。专业版物联终端监测的参数包括地理位置、三轴冲击加速度、三轴倾斜角、气体压力、速度、工况（电池电量、信号强度、回传频率、数据记录时间）等，见图5-11和表5-8。

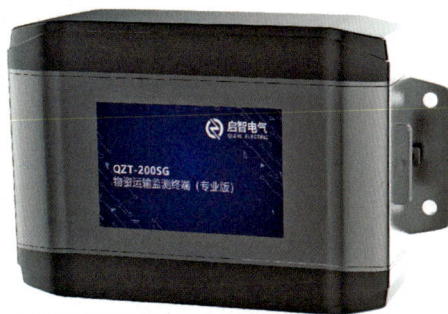

图5-11　物资运输监测终端（专业版）

表5-8　　　　　　　　　专业版物联终端技术参数

序号	监控类型	专业版终端技术参数
1	充电锂电池	续航时间90天，充电次数1000次
2	氮气压力（选配）	0～0.06MPa，精度±1%
3	工作环境温度	-30～+70℃
4	冲击加速度	-8～8g，精度±1g
5	倾斜角度	0°～90°，精度1°
6	行车速度	0～200km/h
7	GPS定位	全球，精度5m
8	数据接口	GPRS、USB
9	操作界面	3.5寸触摸屏，微型热敏打印机
10	防护等级	IP65
11	运行环境温度	-30～70℃
12	运行环境湿度	0%～95%（无凝霜）
13	装置重量体积	2.5kg，294mm×188mm×91mm

2. 标准版物联终端

标准版物联终端应用于变压器、套管等有冲撞要求物资的运输过程监测。标准版物联终端监测的参数应包括行车速度、车辆位置、冲击加速度、运输过程中发生的倾斜角度、工况（电池电量、信号强度、回传频率、数据记录时间）等，见图 5-12 和表 5-9。

图 5-12　标准版物联终端

表 5-9　　　　　　　　　　　标准版物联终端技术参数

序号	监控类型	标准版终端技术参数
1	电池电量	19500mAh
2	待机时间	30 天
3	温度	-30～70℃
4	北斗+GPS 定位	全球，精度 5m
5	防护等级	IP65
6	运行环境温度	-30～70℃
7	运行环境湿度	0%～95%（无凝霜）
8	装置体积	268mm×144mm×66mm

3. 基础版物联终端

应用于电力普货物资运输过程监控。基础版物联终端监测的参数应包括位置、速度、工况（电池电量、信号强度、回传频率、数据记录时间）等，见图 5-13 和表 5-10。

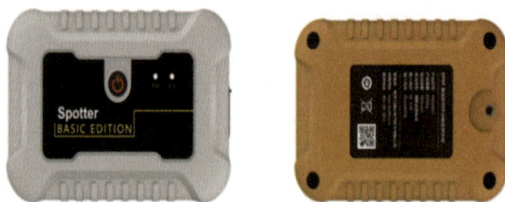

图 5-13　基础版物联终端

表 5-10　　　　　　　　　　　基础版物联终端技术参数

序号	监控项类型	基础版终端技术参数
1	电池电量	6000mAh，续航时间 10 天
2	待机时间	续航时间 10 天，数据间隔 30s
3	温度	−30～＋70℃
4	GPS 定位	全球，精度 5m
5	基站定位	20～5000m
6	防护等级	IP65
7	运行环境温度	−30～70℃
8	运行环境湿度	0%～95%（无凝霜）
9	装置体积	73mm×115mm×26mm

（二）运输监控模式

特高压工程物资运输监控采用"总部组织实施、专业公司监控"的管理模式，由特高压工程大件物资运输物资管理实施单位开展 ELP 运输监控的物联终端配备、物联终端安装、任务创建、运输监控、报警处置、物联终端回收等工作，如图 5-14 所示。

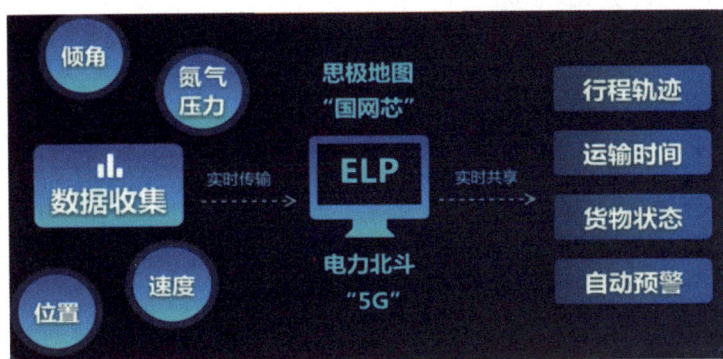

图 5-14　大件运输过程监控示意图

常规电网基建工程物资运输监控采用"省公司组织实施""省公司组织、供应商实施"相结合的管理方式。省公司可根据自身实际情况，决定具体运输监控模式。在其他情形下，运输任务需求单位可委托运输管理单位开展运输监控工作。

（1）"省公司组织实施"方式。由省公司（含下属地市公司）配置物联终端，统一开展 ELP 系统操作；运输前将终端寄送供应商，到货后寄回。供应商配合终端的安装使用、物流收发工作，供应商、承运商具备 ELP 系统数据查阅权限，并对省公司提出的报警核实要求进行响应。

（2）"省公司组织、供应商实施"方式。由供应商各自配置、管理和使用物联终端。ELP 根据 ECP 推送的供应计划，自动创建运输计划，供应商据此创建运输任务，并在省公司组织下，自主开展 ELP 系统操作，对省公司提出的报警核实要求进行响应；省公司对供应商创建的 ELP 运输任务进行在线跟踪、监控，负责到货确认、服务评价等关键性节点操作。

（三）运输监控程序

运输监控业务管理主要依托 ELP 的运输监控功能模块，包括创建运输任务、安装物联终端、绑定运输任务、启动监控、确认到货、完成交接、录入运输记录信息、解绑设备关机、进行运输任务评价等一系列活动，业务流程如图 5-15 和图 5-16 所示。

五、运力资源管理

运力资源是指企业在进行货物运输配送所拥有的各类运输工具和附属配套设备，如运输车辆、船舶、飞机等。运力资源反映企业所拥有或具备的整体运输能力，是企业实施物流活动的关键资源因素之一。

运力资源管理依托 ELP，运用"互联网＋物流"思维，与供应链上游企业、社会化物流企业开展运力资源协作，构建运力资源池，对全网运力资源进行整合、持续优化，提高运力资源的可靠性，在更大范围内实现物流资源统筹和共享，在应急情况下为物资运输提供"战时"运力，提升用户物流服务体验，助力物流降本增效，有力保障公司电力生产建设、抢险抢修和运行维护的物资供应。

（一）运力资源池

通过承运商申请入库方式获取运力资源信息，采取运力资源池入库审核及评价措施，构建分类分级、动态更新的运力资源池。

1. 运力资源分类

电力物资的种类多样，尺寸、重量差异巨大，其中普通货物和大件物资对运力资源的技术要求不同。为对运力资源进行有效的管理，根据电力物资的特点及特殊、专用运输方式，将运力资源划分为七个类别，见表 5-11。

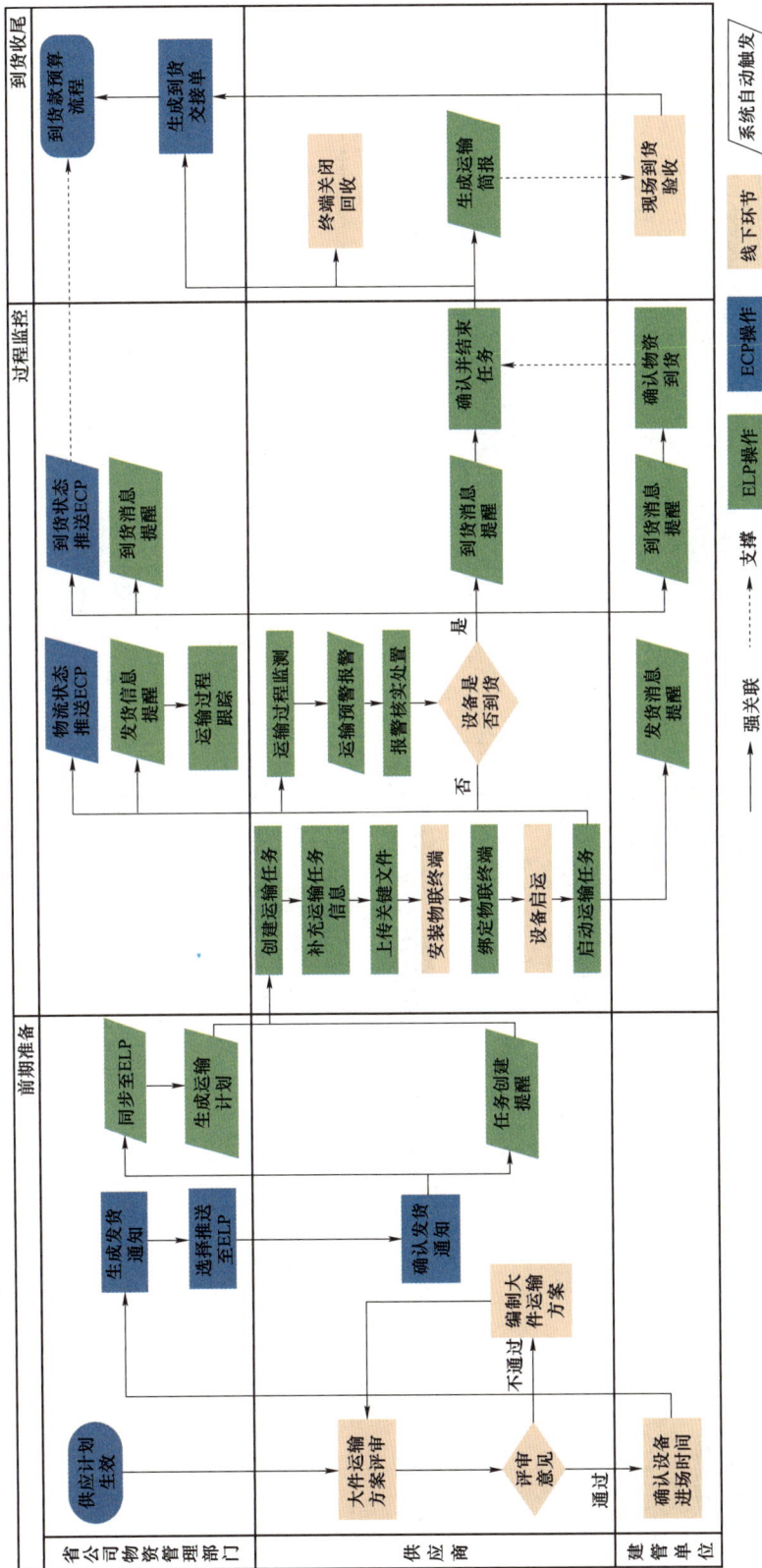

图 5－15 "省公司组织实施"业务流程图

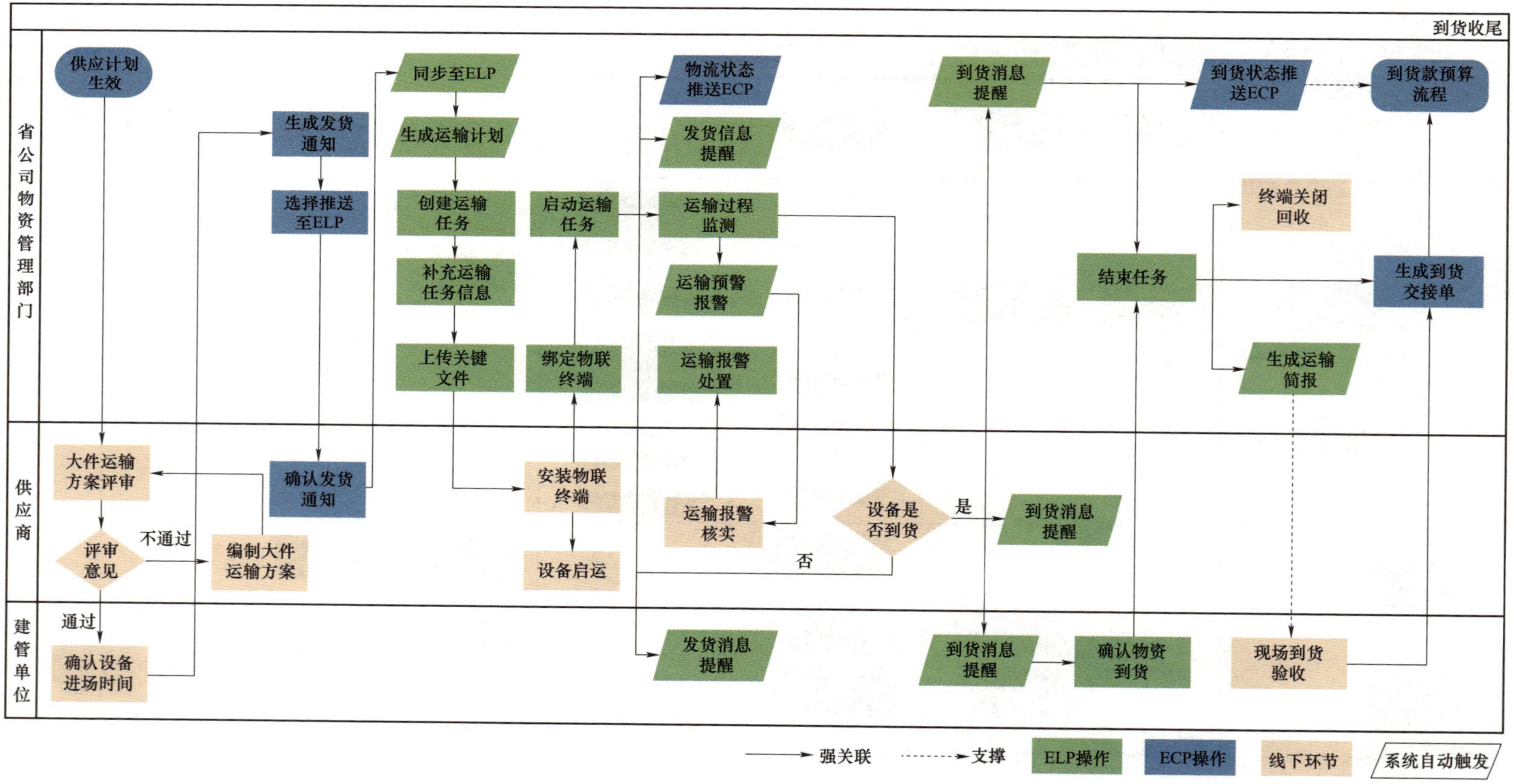

图 5-16 "省公司组织、供应商实施"业务流程图

表 5-11   电力物资运力资源分类

序号	承运范围	运力类别
1	普货物资	普货运力
2	110kV 及以上电网大件物资	Ⅰ类大件运力
3	220kV 及以上电网大件物资	Ⅱ类大件运力
4	500kV 及以上电网大件物资	Ⅲ类大件运力
5	小件货物	快递运力
6	/	航空运力
7	/	铁路运力

2. 运力资源池审核入库

（1）审核入库流程。运力资源池审核入库流程如图 5-17 所示。

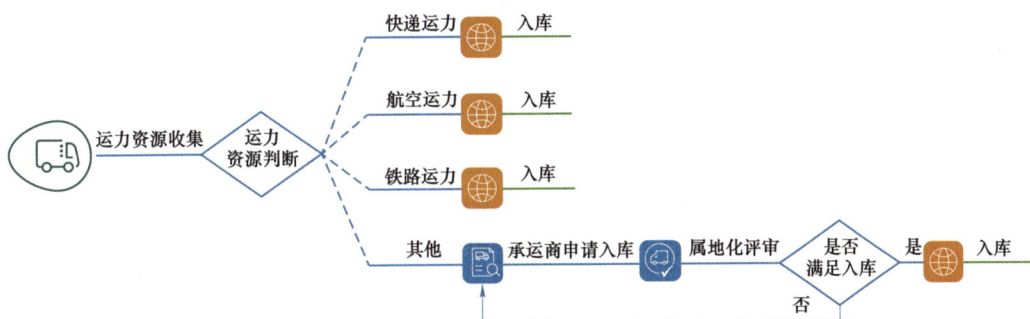

图 5-17   运力资源审核入库流程

（2）承运商申请入库。承运商自愿申请入库，填写承运商入库申请表，根据自身能力及资质，选择承运范围，后续将根据其所选承运范围划分运力类别，并按照运力类别进行入库资质审核。

对于快递运力、航空运力及铁路运力，由于运力资源的特殊性，主要采取合作洽谈的方式，双方达成合作意向后入库。

（3）运力资源入库审核。省公司专门成立承运商资质审查小组，根据承运商入库申请相关资料对其进行资质审查。

承运商资质审查小组完成承运商的入库资质审查后，汇总整理符合入库资格的承运商名单，按照运力类别形成入库承运商目录。

3. 运力资源动态评级管理

为有效利用入库运力资源，优选优用承运商，在入库分类管理的基础之上，依据入库承运商自身实力、运输业绩情况等指标进行评价，按照评分区间分为 A、B、C、D 四个等级，实现对入库承运商的分类分级管理，如图 5-18 所示。

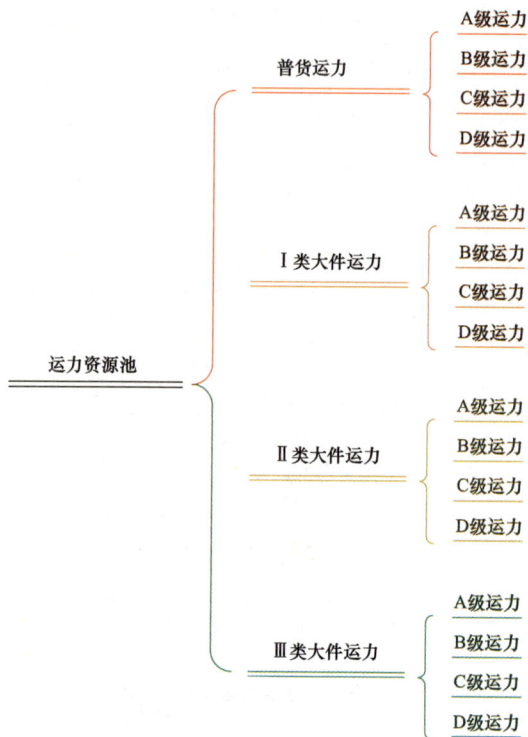

图 5-18　运力资源分类分级准则

根据日常运输任务的服务质量对承运商进行评分，动态更新承运商评级，形成动态优化更新的运力资源池，实现承运商等级可升可降，提高承运商运输服务质量。

（二）战略合作承运商

战略合作关系是基于高度信任，伙伴成员间为共享竞争优势和利益而建立的持续性、战略性的协同发展关系。重点要求合作双方彼此能满足对方需求，实现共同利益、价值取向、企业目标及企业战略。随着市场需求的急增，国家电网公司推动与国内外物流及专业供应链物流领域的行业领先、标杆企业建立合作共赢的战略合作伙伴关系。通过加强国内外优质物流资源战略合作，优化资源配置，推动优势互补，促进共建共享，深化供应链物流合作，为国家电网公司物资供应提供稳定可靠的运力资源和综合物流服务保障，助力提升多式联运效率与现代物流服务水平。国家电网公司物流战略合作情况见表 5-12。

表 5-12　　　　　　　　　　　　国家电网公司物流战略合作情况

序号	企业名称	合作要点
1	顺丰供应链中国	顺丰供应链凭借物流服务与科技能力，为全国电网牢筑安全基础，加速建设自主可控、安全稳定、具有国网特色的现代智慧供应链体系
2	中特物流有限公司	中特物流专业从事工程物流服务，采用公路、铁路、水路多式联运方式完成多项特高压电网建设大型核心设备运输任务
3	中铁特货物流股份有限公司	中铁特货属于大件运输主力军，运输货物为变压器、发电机定子、转子、锅炉汽包等。根据市场需求，解决铁路运输大型变压器和百万发电机定子运输需求
4	中远海运物流有限公司	双方在物流配送、智慧供应链和物流基础设施建设等方面进一步深化合作，提升物流数字化和市场化服务水平，为电力基础设施建设提供高效物流保障

第四节　配送管理

配送管理是指将库存物资从物资库运送到指定地点，实施二程配送（"库到库""库到仓""库到现场"）的一系列管理活动，涵盖应急库、周转库、终端库、专业仓、现场之间的正向和逆向配送服务，包括仓配一体化建设、配送差异化管理、配送规范化运作、配送数智化运营、配送绿色化发展、物流标准化引领。

一、仓配一体化建设

仓配一体化是仓储和配送的有机结合，也是现代物流配送模式创新、技术创新、业态创新的主要趋势之一。国家电网公司通过深化应用 ELP，推进仓配协同、库仓协同，构建"现代仓储＋智能配送"的仓配一体化网络，支撑现代物流体系建设发展。

（一）打造一体化网络

基于仓储网、实物网和配送网的有机协同，国家电网公司打造仓配一体化网络顶层设计，围绕第四方物流（省公司物资管理单位），构建干、支线运输资源相互支撑、共用共享的仓配一体化网络。

基于国家电网公司仓储网和实物网，围绕车辆智能装载、路径智能优化、运力快速撮合、逆向物流、绿色配送等方面开展配送创新与实践，构建以电力物流服务平台ELP为业务载体，多种配送模式有机结合的配送网，形成仓储网、实物网、配送网高效协同的仓配一体化体系，提升物资配送效率，降低综合物流成本，为电网生产、建设提供坚强的物资供应保障。

（二）汇聚全量物流资源

基于 ELP 拓展接入供应商生产基地、电网工程站址等位置、承运商等位置坐标，以及场站码头、桥涵限界等物流关键数据，构建全量电网物资物流配送 GIS 地理信息系统与电子地图，形成全量电网物资物流配送网络图，全面提升物流管理调度、规划、跟踪、分析、服务能力，智能匹配和计算最佳运输路线及物流成本，实现全网物流资源在线可视、统筹调度、协同运作，提升物流运营效率和管理效能。

二、配送差异化管理

区分基建、运维、零星等项目供应及物资品类特点，应用差异化配送策略，精准满足物资供应需要，包括差异化配送场景和配送方式。

（一）差异化配送场景

按照物资出库类型划分，配送业务场景分为库间配送（基建物资）、库仓配送（零星运维物资）、库到现场配送（基建物资）。按照配送实施主体划分，配送业务场景分为主动配送、用户自提。按照物资流向划分，配送业务场景分为正向物流、逆向物流。差异化配送场景流程如图 5-19 所示。

1. 按物资出库类型划分

（1）库间配送是指物资在各级物资库之间转储配送。需求单位提出物资调拨需求，供给库按照调拨指令，将工程基建物资配送到指定物资库。

（2）库仓配送是指物资从各级物资库配送至专业仓。需求单位提出物资领用需求，物资库按照领用订单进行拣选出库，通过需求单位自提或物资库主动配送方式，将零星运维物资配送到指定专业仓。

（3）库到现场配送是指物资从各级物资库配送至项目施工现场。需求单位提出物资领用需求，物资库按照领用订单进行拣选出库，通过需求单位自提或物资库主动配送方式，将工程基建物资配送到指定项目施工现场。

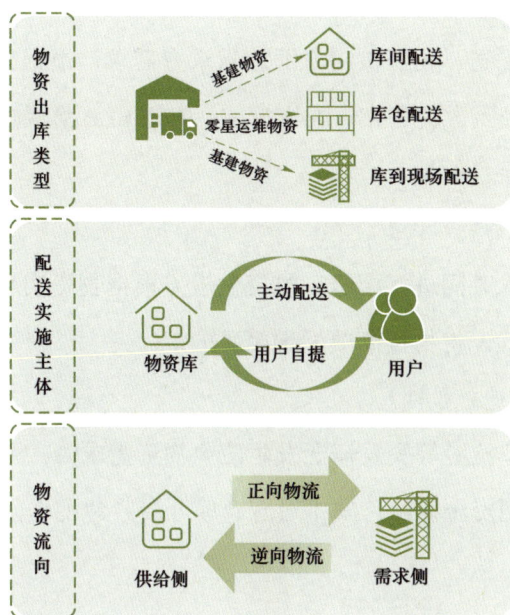

图 5-19　差异化配送场景流程

2. 按配送实施主体划分

（1）主动配送是指由物资库组织车辆运力将物资配送至物资库、专业仓、项目现场、检测机构等末端节点，包括自主配送、委托第三方运输服务商配送两种形式。

（2）用户自提是指由需求单位自行组织车辆运力将物资从物资库提货并配送至专业仓、项目现场等末端节点。

3. 按物资流向划分

（1）正向物流：通过领料出库、预约领用出库、调配出库、废旧物资出库、送检出库等方式，将物资从物资库向末端节点流动的物流活动。

（2）逆向物流：通过汇聚物资供应计划、抽检退货计划、拆旧退库计划、领料需求计划四类数字资源，同步接入社会公共服务平台货源，将物资从末端节点向物资库、专业仓、供应商反向流动的物流活动。

（二）差异化配送方式

综合考虑物资需求的特点及响应缓急程度，合理调度自有车辆和第三方物流运力，灵活采取批次集中配送（班车制）、按需主动配送（专车制）、绿色应急配送（紧急制）等方式开展配送业务，提升物流网络统筹运营能力。

1. 批次集中配送（班车制）

定期按批次集中配送，物资供应方汇总需求方需求，根据需求数量、重要程度、到达时间、运输距离等要素制定物资配送批次，依托 ELP 形成配送方案，采取定期班车制方式，按期配送至目的地。

2. 按需主动配送（专车制）

根据物资实际需求时间进行配送，物资供应方根据物资实际需求制定配送方案，采取不定时专车制方式，将物资高效配送至目的地。

3. 绿色应急配送（紧急制）

因工程抢修、应急抢险等突发情况发生应急物资需求时，开辟绿色通道，统筹全域库存资源，开展全网资源调配，安排对应仓库开展紧急配送，确保物资第一时间配送至现场。

三、配送规范化运作

应用 ELP，有序开展二程配送业务，包括配送准备、配送实施、配送结算、配送评价，促进配送规范化、标准化。

（一）配送准备

配送需求。需求单位根据业务需要提出配送申请，配送中心在 ELP 创建配送需求。

执行单生成。配送中心根据配送需求在 ELP 中生成执行单。

运单管理。ELP 根据下发的执行单自动生成运单，配送中心统筹配送需求，对运单进行拆分、整合并规划配送线路。

调度单管理。ELP 根据下发的运单自动生成调度单，配送中心通过人工指派或承运商抢单的方式确定承运商，承运商根据任务要求安排司机和车辆。

（二）配送实施

任务执行。接到配送任务时，承运商向司机交代配送任务、安全注意事项，配合安装物联终端；司机在 ELP 查看配送任务及对应路线相关信息。配送中心完成物资拣选出库，根据 ELP 配送需求、配送任务和配送实物，与司机进行交接；运输中，司机按照 ELP 提供的路线行驶，检查货物绑扎情况，在 ELP 及时确认货物发车、到达等关键节点信息。配送中心通过 ELP 获取物流实时数据，实施在途监控；运抵后，司机移交配送物资、相关资料和单据，需求单位确认物资数量、种类和外观，进行到货验收和服务评价，如图 5-20 所示。

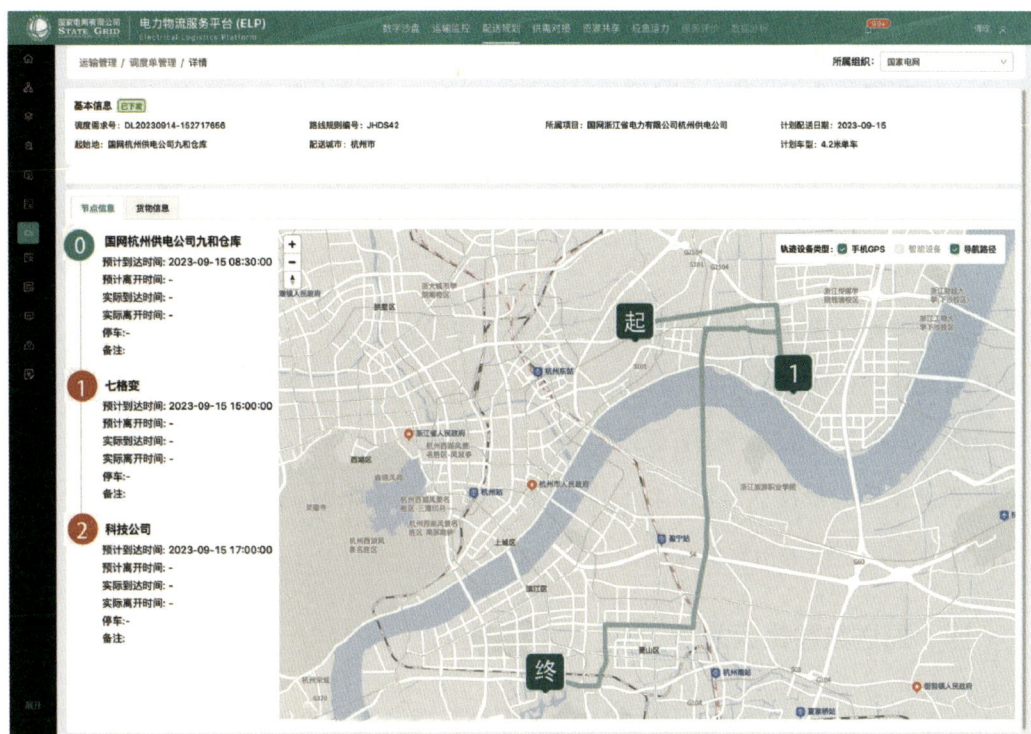

图 5-20　ELP 配送任务及对应路线图

配送异常处置。针对超速、疲劳驾驶等配送风险，配送中心及时干预、处置。针对配送过程中遇到的交通事故、交通堵塞、预计超期送达等异常情况，司机通过 ELP 及时上报承运商，并配合配送中心、需求单位进行处置。针对配送过程中物资损坏或丢失的情况，承运商及时汇报配送中心，并负责修理或赔付。针对由其他不可控因素导致的配送异常，承运商积极协调运力资源，按时完成配送任务。

（三）配送结算

根据场景化、兼容化、配置化的原则，以货物重量、运输里程、运输单价为结算标准，构建多种配送费用模型，依托 ELP 配送费结算功能模块，按照配送批次，自动归集费用，为运费对账及结算提供依据。

按费率计费。适用于按照比例计费的情况，按照物资总价×公里数阶梯费率的计价模式。

按吨公里计费。适用于大部分网省按照物资重量的吨公里计费方式，按照运费单价×物资重量×公里数进行计算，运费单价根据公里数存在阶梯价情况。

零星物资计费。适用于各网省小件快递的零星配送，机动灵活，保障物资供应时效，按照首重×首重单价+（物资重量－首重重量）×续重单价进行计算。

车辆荷载吨公里计费。适用于专车或者包车配送，按照车辆荷载重量×公里数×运费单价进行计算，不同车型存在差异化单价情况。

（四）配送评价

为提高承运商配送效率和质量，国家电网公司制定承运商服务评价指标，包含订单处理正确率、订单按时完成率、货差率、货损率、紧急订单响应率等指标，并依托 ELP 配送数据进行自动计算，对承运商的配送服务水平进行合理科学评价。配送中心应按期、如实对承运商进行服务评价并据此考核承运商。承运商服务评价的结果，反馈至 ELP 的承运商准入准出、物流供需对接、配送服务采购、配送任务匹配等业务环节，作为承运商任务指派的依据之一。

四、配送数智化运营

以效率、效益、效能最大化为目标，基于协同高效的 ELP 和数据共享、资源统筹、互联互通的智慧物流新型基础设施，通过车辆配载规划、路径智能优化、运力撮合和逆向物流运作等方式，开展配送数智化运营，自动生成物流配送解决方案，赋能现代物流服务新模式。

（一）车辆配载规划

根据物资的尺寸、重量、包装形态、储运要求等选用合适的配送车辆，根据配送计划形成合适的车辆配载策略，充分利用车辆的容积和载重，做到满载满装，提高车辆利用率。

应用 ELP，根据货物大小规格，合理规划车辆载货空间。智能分析平台内维护的物料基础信息，如尺寸（长、宽、高）、形状、重量、类型等信息，对不同型号车辆载货能力进行计算，实现车辆载货的拼车管理。

（二）路径智能优化

路径智能规划主要针对拥有多种约束条件要求的复杂路径规划任务，基于全量电网物资物流配送 GIS 地理信息系统与电子地图，智能搜索到最优的配送方案和运输路线输出给用户，以有效满足降本增效的目的。

1. 路径规划

依托 ELP，根据配送任务的提货地点、到货地点、提货时间、到货时间、物资规格和数量等订单信息，以及配送车辆信息，联通 GIS 地理信息系统和专业导航数据，在时间要求、车辆容量和载重限制等多种约束条件下，以降低配送成本为目标，智能规划最优配送路径（详见二维码）和拼车方式，实例如图 5-21 所示。

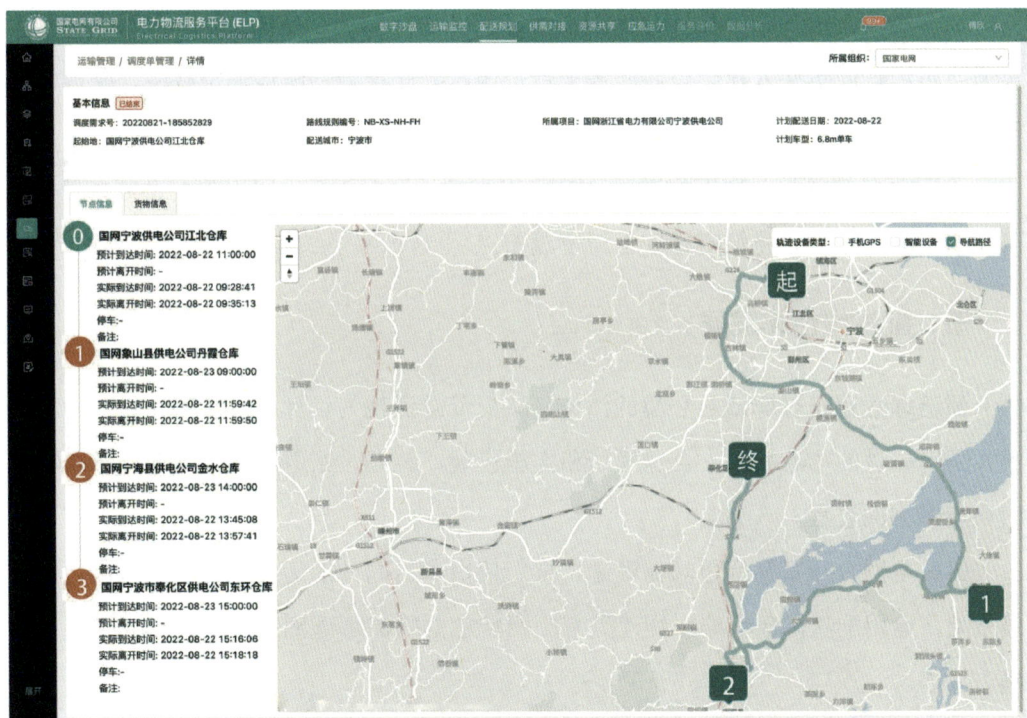

> 延伸阅读
>
> ELP 路径规划的算法

图 5-21　宁波中心库-象山丹霞仓库-金水仓库-奉化仓库联程配载实例图

2. 智能排线

依托 ELP 智能排线功能，基于地址信息，调用地图获取距离和成本，智能生成装车方案及配送路径，提高运力资源利用率，降低社会综合物流成本。

3. 路径监控

ELP 实时获取在运车辆物流数据，当车辆实际行驶路线偏离原定行驶路线时，系统及时进行报警干预，或结合当前路况、目的地信息，重新提供最优路线。

（三）运力撮合策略

依托 ELP 运力统筹功能，综合考虑配送费用、时间、承运商信用评价等因素，设计供需撮合算法，实现配送任务和运力之间自动、高效、最优组合，达到配送中心有车可选、承运商有货可运的目标。

配送中心、承运商可通过在 ELP 需求发布界面发布配送任务或运力信息。系统通过撮合算法，根据时间、运费等因素自动完成配送任务与运力的撮合过程，并生成撮合信息，通过平台运营单位审批后，完成签约、配送、交货、结算等环节。

（四）逆向物流管理

逆向物流指汇聚物资供应计划、抽检退货计划、拆旧退库计划、领料需求计划 4 类数字资源，同步接入社会公共服务平台货源，降低社会物流运输空载率，降低社会综合物流成本。

承运商在完成正向物流配送后，依托 ELP 就近匹配退库、回库等配送需求，有效利用空车返程运力，将物资送回上游物流节点。

五、配送绿色化发展

配送绿色化是以降低对环境的污染、减少资源消耗为目标，通过充分利用物流资源，采用先进的物流技术，合理规划和实施包装、装卸、配送等物流活动，降低物流对环境影响的过程。

国家电网公司贯彻绿色环保理念，推广使用清洁高效的运具、容器，构建物流碳排模型，运用配送降碳策略，构建具有国网特色的物流零碳网络，全面服务国家"双碳"战略。

（一）物流绿色运具

在二程配送业务场景中，推广应用物流绿色运具，包括新能源货车、无人机等，充分发挥绿色运具经济实用、绿色环保的优势。

1. 新能源货车

新能源货车是指应用混合动力、纯电、燃料电池（氢能、天然气）等清洁能源的货运车辆，适用于距离近、体积小、频率高的配送需求。其主要应用场景包括营销表计物资配送、库到仓主动配送等。

2. 无人驾驶飞机

无人驾驶飞机简称无人机，是指利用无线电遥控设备和自备的程序控制装置操纵的不载人飞行器，具有操作便利、安全可靠、机动灵活、不受地形限制等优势，作业环境涵盖高山、丘陵、居民区等，适合于输电线路施工、检修和应急配送等。其主要应用场景包括空中吊装配送、工程物资重载运输等。

空中吊装配送。中大型多旋翼无人机可应用于高海拔地区工具材料类物资的吊装配送，精准送达物资至铁塔顶端作业现场，解决地势险要地区车辆无法运送工具材料至铁塔作业现场的难题，减少人工搬运，降低作业安全风险。

工程物资重载运输。大载重型无人机可应用于复杂山区检修物资的配送，高效送达物资至山顶塔位，无需修筑道路、索道，减少临时占地和林木砍伐，解决地势起伏且海拔悬殊地区重型物资配送难题，适用于输电线路施工、检修、应急等工作的物资配送作业。

（二）物流绿色容器

物流容器是指物流运输过程中装载货物的器具，包含集装箱、周转箱、托盘、电缆盘等。在电网物资配送环节，通过采用可循环使用的钢或塑料等材质的物流容器，替代传统一次性木质托盘、泡沫箱，实现物流容器的循环利用，减少环境污染和资源浪费。

可循环电缆盘。选择"钢＋铝合金"代替"铁＋木"材质，提高盘具强度，延长使用寿命，减少盘具制造的碳排放。设计快速可拆卸结构，压缩配送体积，提高运输效率。打造盘具管控平台，集中数字化管理盘具，根据需求与空盘分布优化盘具调配策略，创新盘具共享租赁使用新模式。可循环电缆盘如图5-22所示。

图 5-22　可循环电缆盘

可循环仓储笼。选择钢代替铁木，提高仓储笼强度，支持循环使用。设计具备灵活性的立面结构，可根据存放物资规格，改变仓储笼形状，通过堆叠仓储笼，减少总体占用空间，提高车辆装载率，减少配送趟次，降低配送过程的碳排放量，如图 5-23 和图 5-24 所示。

图 5-23　可循环仓储笼

图 5-24　可循环托盘

可循环托盘。选择塑料、钢代替木材质，节约木材资源，通过物资重量选择合适动载的托盘，保障货物配送安全，提高托盘使用寿命，加快循环利用，降低托盘制造、采购的碳排放量。

（三）物流零碳网络

零碳网络是指通过应用绿色运具和容器，使用清洁能源，建设绿色智慧管控系统等手段，抵减中和物流活动中产生的碳排放，实现一定区域内向外界环境综合碳排放为零的配送网络。

1. 物流碳排模型

坚持碳中和行动准则，将智能化手段贯穿于运输配送网络碳中和路径的始终。依托 ELP，整合节能、减排、固碳、碳汇等措施，建立电力物流碳排放量计算模型，开发电力物流碳排放能效智能监测功能，精准刻画碳排放及节能增效水平，推动电力物流减排降碳。

2. 物流降碳策略

采用智慧化整合配送方式，通过车辆装载优化、路径优化，推进多式联运、协同配送等配送策略，减少车辆空驶空载，促进运力资源社会化共享共用，降低社会物流综合成本。

六、物流标准化引领

为统一规范国家电网公司配送业务，进一步健全电力物流行业标准体系，对接国家现代流通标准体系，规范物流服务管理标准、平台安全运营标准，构建物流企业类评价指标体系，提升配送管理标准化、精益化、绿色化、智能化水平。

（一）统一物流标准

发挥现代物流体系示范引领作用，建设物流服务管理标准、平台安全运营标准，先后发布实施《电力物流服务平台应用规程　第1部分：运输监控》《电力物流服务平台应用规程　第2部分：配送管控》《电力物流服务平台应用规程第3部分：物联终端检测》等企业标准、行业标准、国家标准，加强标准成果开放共享与市场供给，引领电力物流生态圈服务水平提档升级。

（二）量化配送指标

深化国家电网公司配送指标评价体系，以成本最小化、服务最适化、效益最大化、管理最优化为目标，创新配送、低碳业绩指标，初步建立物流企业类评价指标体系（见表5-13），由6个一级指标、27个二级指标组成，其中二级指标包括7个定性指标、20个定量指标。根据各指标在评价中影响程度大小，识别物流企业供应链关键薄弱环节，有侧重地进行分值赋权，保障评价结果客观、公正、科学、合理。

经营业绩：包括经营收入、资产总额、人才当量密度、科技创新成果，以及加分项——社会贡献度。

设施与设备配置：包括仓库占地面积、自动化设备覆盖率、陆运运力载重量、水运运力载重量、空运运力载重量。

基础服务保障能力：包括国内物流服务能力、应急保障能力、行业引领示范、业务覆盖范围。

国际化运营能力：包括国际物流服务能力、国际物流业务占比、国际物流资源掌握能力，以及加分项——全球物流影响力。

数智化创新应用：包括作业流程信息化、数据分析与应用、全过程作业可视化、供需匹配数字化、数据资源共享化。

绿色化发展响应：包括新能源车辆运输占比、仓库分布式光伏消纳占比、绿色包装应用，以及加分项——绿色仓库数量。

表 5-13 物流企业类评价指标体系

序号	一级指标	二级指标	分值
1	经营业绩（20分+3分）	经营收入	5
2		资产总额	5
3		人才当量密度	5
4		科技创新成果	5
5		社会贡献度（加分项）	3
6	设施与设备配置（21分）	仓库占地面积	5
7		自动化设备覆盖率	4
8		陆运运力载重量	4
9		水运运力载重量	4
10		空运运力载重量	4
11	基础服务保障能力（20分）	国内物流服务能力	5
12		应急保障能力	5
13		行业引领示范	5
14		业务覆盖范围	5
15	国际化运营能力（15分+4分）	国际物流服务能力	5
16		国际物流业务占比	5
17		国际物流资源掌控能力	5
18		全球物流影响力（加分项）	4
19	数智化创新应用（15分）	作业流程信息化	3
20		数据分析与应用	3
21		全过程作业可视化	3
22		供需匹配数字化	3
23		数据资源共享化	3
24	绿色化发展响应（9分+3分）	新能源车辆运输占比	3
25		仓库分布式光伏消纳占比	3
26		绿色包装应用	3
27		绿色仓库数量（加分项）	3
合计			110

第五节 运输配送管理实践

典型案例一：白鹤滩—浙江特高压直流工程大件设备运输管控

（一）案例背景

白鹤滩—浙江±800千伏特高压直流输电工程是中国"西电东送"战略重点工程，线路途经四川、重庆、湖北、安徽、浙江5省市，把白鹤滩水电站的清洁水电送入浙江。浙北换流站是工程的受端，换流站中最重要的设备就是换流变压器，其价值高、重量重、体积大，属于电网大件设备。浙北换流站共需28台换流变压器，包括14台低端换流变压器和14台高端换流变压器。换流变压器的运输里程长达几千千米，运输方式涉及公路、水路联运，运输过程中的不确定因素多、安全风险大。如何安全、及时地将换流变压器从厂家运输至工程现场，保障电力建设的物资供应是亟须解决的问题。

（二）主要做法

1. 对大件运输全程进行监测

为解决上述难题，国家电网公司依托ELP，在换流变压器从厂家启运前安装物联终端设备，创建大件运输任务并绑定对应的物联终端。依托固定在大件本体上的传感器终端，全面监测大件设备的运输、加速度、姿态、位置、环境等参数。物资监管人员可依托ELP实时查看运输车辆的行驶路线、定位、车速及换流变压器的三轴冲击加速度、三轴倾斜角、气体压力等多项参数。

2. 设置运输途中报警策略

通过在系统内预先设置好监测参数的阈值。在运输过程中，若某项监测参数值超出预设的阈值，系统及时报警提醒监管人员，提高运输监控效率，如图5-25所示。

（三）创新点及成效

通过换流变压器（重点大件物资）远程在线实时监测，突破了传统监管盲区。通过ELP实现运输全程可视化、动态实时智能监控，有效消除了传统电力设备运输管控模式的管理盲区，将运输管控模式由"事后"追溯向"事中"管控转变。促进了换流变压器（重点大件物资）由传统离线监测模式，向可实时监测、可追溯再现的物联网模式转变。有效提升了大件设备运输的风险防控水平，确保了特高压工程重要设备运

图 5-25　白鹤滩－浙江特高压直流工程大件设备运输监控

输、应急物资调配运输、省管工程重点物资在途运输、外部用户的重要设备运输的安全、及时、可靠。同时也对有效管控运输进度，降低物流成本发挥了十分重要的作用。

典型案例二：基于多任务协同的绿色数智物流集中配送管理

（一）案例背景

2023 年 6 月 8 日，国网浙江电力营销服务中心收到国网德清县供电公司 82 箱电能表、国网湖州供电公司 115 箱电能表的物资需求，均要求在 2 天内到货，通过匹配营销服务中心实物资源储备情况，现有库存均能满足需求。同时，还接收到国网湖州供电公司 104 箱返修表需送回营销服务中心维修的申请。

根据物资需求时间，若采用传统"点对点"配送模式进行物资配送，需要安排三辆货车，从营销服务中心物资库向两个需求点配送物资，向一个目的地装载返修表，在有限的运力资源下，车辆调度难度大且车辆装载率低。通过综合分析，两个目的地仓库地址基本位于一条配送路线上，且距离营销服务中心物资库较近，在满足时限要求和新能源货车续航里程的前提下，可采用新能源货车，应用串点配送方式，即安排一辆车通过"一装二卸再装"完成两条配送需求和一条装载返程需求。

鉴于此，依托 ELP，制定了科学合理的装车方案、规划串点运输路线，仅在 8h 内使用一辆新能源货车完成了全部配送任务，并反向送回返修表，保障物资安全、绿色、经济、高效供应。

（二）主要做法

1. 智能互联快速响应配送需求

针对多系统之间数据隔离导致的并行重复操作问题，解决了多系统需求标准化、配送信息结构化、跨平台信息传输实时化等问题，率先完成ELP与省公司供应链管理平台的数据贯通和系统集成。将营销2.0系统计量表计配送单通过省公司供应链管理平台自动推送至ELP，生成配送需求单据，代替人工手动新建配送需求，实现了配送需求信息在不同单位、不同系统间的贯通流转和业务推送，优化了需求信息处理流程，大幅提升配送需求响应速度，从"小时级"向"分钟级"转变升级。

2. 智能规划高效实施联程配载

对于传统配送模式依赖人工经验制定配送方案的业务现状，应用电力物流服务平台的配送规划模块，智能生成经济合理的配送任务。综合分析配送需求中的地址、物料、时间等要素，结合现有运力资源，对多个配送需求进行拆单合单，智能生成经济高效的串点配送方案，代替传统"点对点"直送模式，实现多个配送需求、多个配送地点的联程配载运输。配送方案制定时长从人工排单3h缩短至智能排单10min，数智赋能物资配送时效性，明显提高车辆装载率，大幅降低综合物流成本，如图5-26所示。

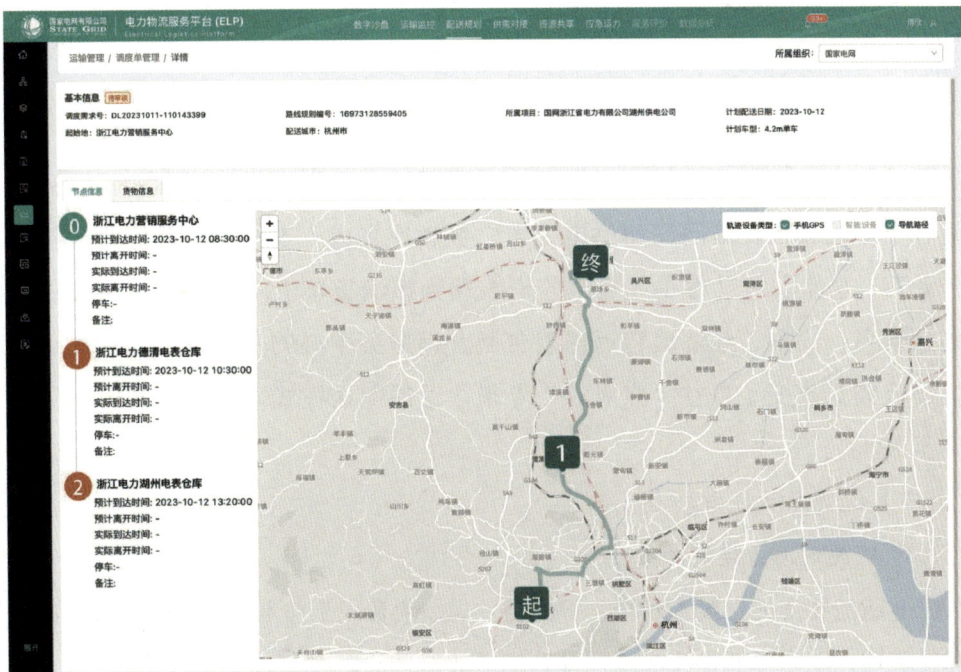

图5-26　联程配载完成多配送需求

3. 能源转型试点探索绿色配送

面对国家"双碳"战略目标，依托新能源行业蓬勃发展，国网浙江电力试点探索新能源货车绿色配送，落地绿色发展应用场景。基于 ELP 联程配载路径优化结果，往返总里程为 186km，满足新能源电动厢式货车 200km 的续航里程，因此，在 ELP 配送任务指派环节，将此次配送任务指派给拥有新能源货车的承运商，实现电能代替化石燃料能源，节省碳排放量 100.92kg，如图 5-27 所示。

图 5-27　电动新能源物流车装车

4. 逆向物流全面盘活空车运力

面对配送任务完成后的车辆资源，国网浙江电力大力推进逆向物流，高效利用返程空车运力。在国网湖州供电公司二级表库完成 115 箱电能表到货交接和卸货作业后，仓储人员又将 104 箱返修表装载到该辆货车上，依托 ELP 共享逆向物流配送信息，安全、经济地将返修表带回营销服务中心物资库。依托空车运力的逆向物流模式改变了以往"点对点"专车往返的配送模式，将车辆利用率从 42% 提升至 83%。

（三）创新点及成效

1. 智能配送助力提质增效

ELP 赋能物资配送线上管控，智能路径规划代替人工作业，确保配送方案的科学性和经济性，助力降低物流成本，提升配送效率效益。

2. 信息共享强化专业协同

依托 ELP 实时监控功能，物资需求单位在线共享物资实时运输轨迹，合理安排领料时间、工程施工时间、电能表返修时间，提高物资服务水平。

3. 科技创新驱动绿色发展

应用联程配载缩短运输里程，依托逆向物流提高车辆利用率，试点新能源货车绿色配送减少碳排，助力电力物流综合降碳。

第六章

国家电网公司废旧物资管理

党的二十大报告指出"加快构建废弃物循环利用体系"，国家发展改革委等部门《关于统筹节能降碳和回收利用加快重点领域产品设备更新改造的指导意见》（发改环资〔2023〕178号）提出："加快构建废弃物循环利用体系，推动废旧产品设备物尽其用，实现生产、使用、更新、淘汰、回收利用产业链循环，对积极稳妥推进碳达峰碳中和具有重要意义。国家电网公司推进绿色现代数智供应链体系建设，全面加强废旧物资管理，提升废旧处置效率效益，带动供应链助力提质增效。

第一节　废旧物资管理概述

国家电网公司全面落实国家关于加快供应链绿色低碳、数字智能转型、加强废旧物资处置管理等的工作要求，持续推动废旧物资处置工作绿色数智升级，打造全网实物数字资源池，提升废旧物资处置效率效益。

一、废旧物资定义

废旧物资通常分为"废"物资和"旧"物资，覆盖企业所有类别物资。

"废"物资指经技术鉴定不可使用的报废物资。主要包括有处置价值物资（如变压器、铁塔等）、无处置价值物资（如水泥杆、绝缘子等）和特殊类报废物资。其中特殊类报废物资分为：①有危险、污染性物资（如废铅蓄电池、矿物油等）；②属于国家规定的秘密载体、磁盘介质载体的特殊性报废物资（如涉密计算机、服务器等）；③国家强制性管理的车辆。

"旧"物资指经技术鉴定为可使用的退役退出物资，包括一定时间内未使用的库存物资和运行过程被更换的主流型号物资。从物资来源主要分为退出运行物资、库存物资、工程结余物资等。

二、废旧物资管理目标

国家电网公司以提升废旧物资处置管理"四化"（精益化、规范化、绿色化、数字化）水平为目标，全面加强废旧物资全流程管控，规范各类报废物资处置管理，推广绿色拆解分拣，防范物资回流风险。优化回收商管理策略，加强平台功能优化，深化管理数据应用，促进公司提质增效、风险防控能力提升。

三、废旧物资管理原则

国家电网公司废旧物资管理以精益高效、集约统一、绿色处置、风险防范为原则，打通报废、拆旧、竞价、结算、交接等全链条，坚持"四统一"（统一制度标准、统一处置流程、统一平台应用、统一回收商管控）。加强废旧物资全流程管控，深化专业协同联动，推广平台数字化应用，持续提升处置效率、效益及合规性，如图 6−1 所示。

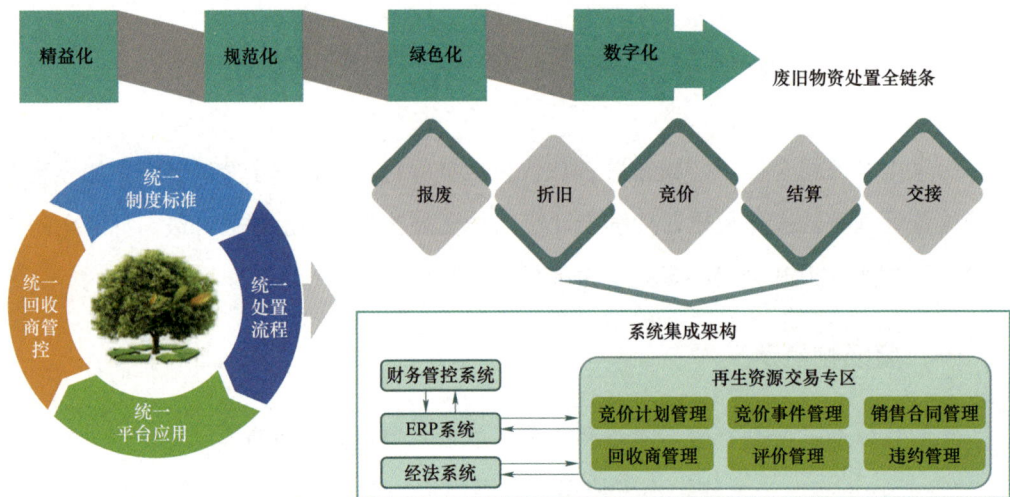

图 6−1 废旧物资管理概述

（一）精益高效

加强物资管理、财务管理、项目管理、实物资产管理等各专业协同，落实各专业主体责任，加强退役计划、鉴定报废、拆除回收、竞价处置、资金回收及闲置实物利用等全程业务协同。加快废旧物资审批办理，推动足额回收，加强闲废物资跨省调配再利用，保障全流程精益高效。

（二）集约统一

坚持统一制度、统一平台、统一流程、集约处置，完善业务流程，优化提升平台功能。优化回收商管理，细化回收商分类，推动回收商现场核实，建立回收商"一次注册、一网通用、随到随竞"的统一管理模式，持续优化营商环境。

（三）绿色处置

落实绿色低碳发展理念，坚持试点先行、稳步推广，推动各单位绿色拆解分拣中心统筹布局，科学测算拆解处置的经济效益和社会效益，推动拆解业务常态开展。持续优化危废物资处置模式，开展循环再利用探索研究，推动废旧物资绿色处置。

（四）风险防范

坚持分类处置、风险可控，强化处置各环节合规性监督，加强电网报废物资回流风险研判，规范无处置价值报废物资现场处置，强化处置过程管控，加强回收商处置流向监督，严防报废物资回流电网或造成环境污染事件。

四、报废物资分类处置

国家电网公司报废物资按不同分类主要分为以下三种处置模式：

（一）有处置价值物资

有处置价值物资指处置收益较高且处置成本（包括物资回收、保管、销售过程中发生的运输、仓储、人工、差旅等费用）相对较低的报废物资。主要在国家电网公司ECP再生资源交易专区集中开展网上竞价（拍卖）处置。

（二）无处置价值物资

无处置价值物资指处置效率较低且处置成本相对较高的报废物资。主要由实物使用保管单位提出处置需求，经本单位实物管理、物资、财务部门审批后，在符合安全、环境等相关要求的前提下，自行处理、委托第三方或社会公共机构实施无公害化处理。

（三）特殊类报废物资

特殊类报废物资指对国家法律法规规定有专项处置要求的危险、污染性报废物资，以及其他特殊报废物资，应根据相应的处置要求开展处置工作。

（1）有危险、污染性的报废物资，依据《中华人民共和国固体废物污染环境防治法》等法律法规，在满足环保有关规定要求的前提下，选择具备相关资质的企业或机构，采取平台竞价、框架协议等方式处置。

（2）属于国家规定的秘密载体、磁盘介质载体的物资，由实物使用保管单位在报废处置前进行数据清理，规避电子废弃物处置合规性风险和信息泄露风险，经本单位信息保密归口管理部门确认后，采取平台竞价、原厂回收或框架协议等方式处置。

（3）国家强制性管理的报废车辆，由实物管理部门组织实物使用保管单位按照《报废汽车回收管理办法》《机动车强制报废标准规定》的要求，选择经环保管理部门认可、具备相关资质的企业或机构，采取平台竞价、当地车辆交易市场出售等方式处置。

不同物资分类的处置方式如图6-2所示。

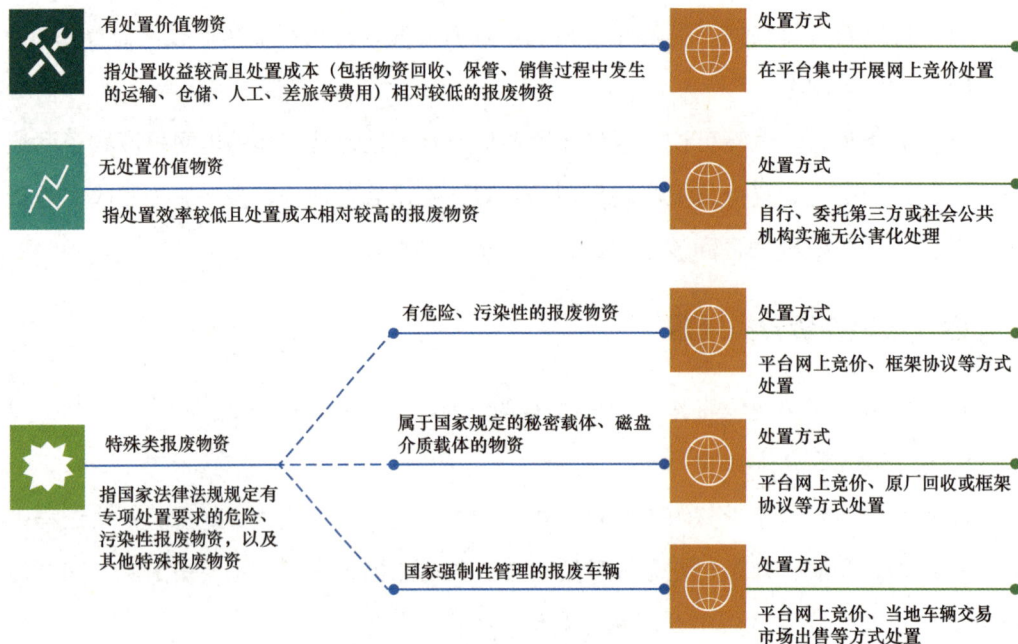

图 6-2 废旧物资分类处置

第二节　废旧物资规范化处置

通过健全统一的废旧物资管理制度体系，实现制度执行横向到边、纵向一贯到底；以规章制度为依据、以平台管控为抓手，持续完善废旧物资管理工作流程，加强跨专业协同，实现报废物资处置活动流程标准化、规范化。

一、统一制度标准

国家电网公司建立统一的通用管理制度，印发并滚动修编《国家电网有限公司废旧物资管理办法》[国网（物资/2）（27—2018）]《国家电网有限公司报废物资处置管理细则》[国网（物资/4）（246—2018）] 等相关制度文件。明确各部门工作职责，电子商务平台公开竞价（拍卖）处置活动各环节的工作流程和管理要求。

物资部门负责报废物资处置管理，组织开展报废物资的接收保管、集中处置、网上竞价、合同签订、实物交接、资金回收、回收商管理及资料归档等工作；实物资产管理部门负责组织专业分工内的实物资产技术鉴定及报废审批工作；财务部门负责组织开展废旧物资的估值工作。

二、统一处置流程

国家电网公司建立全网统一的报废处置流程，主要包括计划管理、鉴定报废、拆除回收、移交保管、价值评估、网上竞价、资金回收与实物交接等全过程管理。

（一）计划管理

1. 报废计划审查

在项目可研评审、初步设计评审阶段，编制拟拆除方案的范围及内容，明确拆除资产拟处置方式（报废或再利用），形成拟拆除资产清单及初步处置意见。

2. 报废计划编制

实物资产管理单位将提前依据批复的各类项目可研报告、初设报告等，对所有下一年度拟报废资产进行分专业汇总，形成年度实物资产退役计划表，初步明确拆除资产拟处置方式，以便于报废资产管理、仓储等规划和预算工作开展。

（二）鉴定报废

对已到报废年限或已经符合报废标准的废旧物资，实物资产管理单位根据审批权限在规定时间内完成内部报废手续，在建工程废弃或不可用物资由建设管理单位提出报废申请，办理审批手续。

（三）拆除回收

1. 实物拆除准备

对有拆除任务的工程项目，项目管理部门会明确退役拆除清单的编制要求，确认拆除工程量及各项支出费用，明确各级职责，确定拆除回收量与工程结算联动措施。

2. 现场拆除回收

退役资产拆除前，项目管理部门与施工单位进行相关注意事项交底，各方签字确认后实施拆除。

退役资产拆除时，施工单位按拆除计划开展现场拆除工作，同时相关部门进行现场监督，预防突发情况的产生。

退役资产拆除后，项目管理部门组织相关部门依据拟拆除计划，对应拆、实拆情况进行确认，确保物资"应拆尽拆"并完成归档。

（四）物资移交保管

项目管理部门组织拆除电网实物资产的临时保管和移交工作。从废旧物资的保管场所来区分，可分为废旧仓库保管和工程现场临时保管。

1. 废旧仓库保管

废旧物资拆除后，大多会移交至国家电网公司所属实体仓库集中保管。在废旧物资移交入库保管阶段，由实物保管使用单位办理完报废手续后，组织将物资运送至指定仓库，出具相关单据并签署报废物资移交单。废旧物资仓库管理人员在完成废旧物资入库信息核查后，签署入库交接单并保留入库凭证。入库保管的废旧物资和其他库存物资会分区存放（危废物资暂存要求详见二维码），不同类型的废旧物资分货位整齐码放。

（延伸阅读 危废物资暂存要求）

2. 工程现场保管

对于拆解、搬运困难，无法入库保管的废旧物资，如大型变电设备、输电线路、电网（厂）生产建筑物、构筑物等辅助及附属设施等报废资产，可存放在设专人管理的临时存储地，进行现场移交、存储与处置。

（五）价值评估

在集中竞价处置活动中，评估价的科学性与合理性，是提升报废物资处置成功率、防范回收商围标串标行为的前提条件和重要保证。电网废旧物资作为国有资产的一部分，市场化、公允化处置是保证国有资产不流失、资金回收的关键。做好报废物资处置价格评估工作，以市场估值为基础的定价则是报废物资处置价值（详见二维码）的底线保障：①要对废旧物资价值进行准确测算，如对大宗混合金属废旧物资利用价值进行分析；②要对废旧市场供求行情实时掌控，加强信息数据提取、加工、分析和判断，寻找价格波动的潜在规律，保证评估价格测算有凭有据、论据充分。

（延伸阅读 报废物资处置价值关系）

报废物资依据市场行情、物资质量、物资类别、数量规模等关键因素开展价值评估，评估工作主要由财务部门指定的第三方机构评估确定评估价。

（六）网上竞价

国家电网公司报废物资（除无处置价值及特殊性报废物资外）原则上在 ECP 再生资源交易专区实施网上集中竞价（拍卖）处置。

按照"集中处置、充分竞争、效益最优"原则安排报废物资竞价分包。分包物资种类会尽量集中，可按实物使用保管单位、物资仓库、物资类别等多种形式分包。

在平台公告规定的交易时间组织开展竞价活动，在竞价过程中，回收商可以按照竞价规则多次报价，在规定竞价时间内再无有效报价，则视为竞价结束，最后报价回收商为预成交回收商。

竞价结束后，竞价委员会现场开启密封底价，最高报价不低于底价成交，即为成交价；低于底价，按竞价失败处理。

报废物资处置溢价率＝（成交价－底价）/底价×100%。近十年，公司平均报废物资处置溢价率约为40.48%，处置成效显著。

（七）资金回收

竞价成功后，在规定时间内向成交回收商发送竞价成交通知书，并签订报废物资销售合同。

合同签订后，成交回收商按照合同约定及时全额付款，同时处置单位财务部门做好入账管理工作。

（八）实物交接

在财务部门确认结算金额全额收款完成后，按照合同约定的时限及存储地点，与成交回收商进行实物交接，以保障废旧物资处置流程完整闭环。

为加强废旧物资履约管理，完善报废物资闭环机制，国家电网公司规范实物存储和交接过程管控，强调合同双方主体责任，明确合同签订、回收款支付、实物交接等关键环节的时间期限，利用数字化手段加强对废旧物资存储点的管理，建设统一视频平台，在仓库安装视频监控设备，实时掌握报废物资积压情况和交接进度，督促各处置单位加快处置计划提报和实物交接进度，大幅提升报废物资处置效率。

三、统一平台应用

2011年6月，国家电网公司ECP报废物资网上竞价功能上线，报废物资处置活动从各自线下实施转变为一级平台线上集中处置，2012年，处置功能全网推广应用，2020年10月，平台功能迭代升级为再生资源交易专区，大幅提升处置规范性及效益。

统一管理操作入口。为提升操作体验，设计统一管理操作入口，有效引导回收商、业务人员按照业务管理步骤进行系统操作。

统一回收商主数据。将回收商纳入主数据统一管理，实现电子商务平台、主数据平台、ERP系统集成，统一数据来源，回收商注册、资质信息按照统一的标准进行审核、分类。

统一竞价策略和功能。平台执行统一的竞价规则和处置流程，系统自动生成标准的竞价公告、竞价计划、成交通知书、销售合同等文档模板，大幅提高工作效率和规范性。

统一设计系统角色。按照业务发展要求统一设计废旧物资处置系统角色，涵盖国网物资部、国网物资公司、竞价代理机构、物资供应中心等多个工作岗位，同时加强数据信息保密，避免业务廉政风险。

ECP 再生资源交易专区全面支撑各单位报废物资网上竞价标准化、规范化、高效化开展。同时，国家电网公司也在积极拓展跨行业、跨集团平台共享应用，为企业提供第三方竞价拍卖服务，取得较好的社会及经济效益，如图 6-3 所示。

图 6-3 ECP 再生资源交易专区

四、统一回收商管控

国家电网公司为确保良性竞争、提高竞价成功率，鼓励满足资质要求的回收商积极参与废旧物资回收体系建设，丰富回收利用渠道，对回收商统一集中管控，形成规范有序的电力废旧物资回收产业链条。

（一）统一审核标准

国家电网公司实行回收商注册、资质审查统一管理，回收商自行注册，执行统一的回收商审核标准，建立统一回收商库，推动回收商注册管理由"统一注册、分省审核、区域使用"向"一次注册、统一审核、一网通用"转变，有效减少回收商注册、审核工作流程，打破管理与竞价的地域限制，营造公开、公平、公正的良好营商环境，提升回收商服务体验。

（二）细化资质分类

为促进市场资源合理配置，根据处置报废物资特性，对回收商资质进行精细化管理，在回收商首次分类时设定资质要求，为一般类回收商库、特殊类回收商库和原材料回收商库。

不同类别的物资选择相应资质类别的回收商进行处置。一般类回收商细分为具备拆解能力和不具备拆解能力两类；特殊类回收商细分为废矿物油、废铅蓄电池及废弃电器电子产品等；原材料类回收商主要处置拆解后的报废物资。

（三）建立现场核实机制

制定回收商资质能力现场核实标准，对通过资质文件审查的回收商，组织属地省公司对具备拆解能力的一般回收商、特殊类回收商开展现场核实，重点核实场地、拆解设备、处置方式，实现从源头把控回收商处置能力。

（四）健全履约评价机制

建立回收商履约行为"一单一评价"机制，评价结果用于回收商关系管理。完善回收商违约处理机制，对违约回收商采取扣除竞价保证金、暂停或取消其竞价资格等处罚措施。对直接造成报废物资回流电网的回收商，永久列入黑名单处理。

第三节 废旧物资线上管理

国家电网公司建立统一的 ECP 再生资源交易专区，实现报废物资高效处置。通过 ESC 系统，助力供应链提质增效。同时积极探索废旧专业数字化、智能化建设，关联拆除计划、移交退库等环节，实现废旧物资线上全流程贯通，推动废旧物资管理水平再提升；探索智能绿色拆解分拣中心建设，打造报废物资拆解处置全流程精细化、智能化、可视化管理平台。

一、ECP 再生资源交易专区

（一）建设背景

为推动废旧物资回收利用规范化、数字化发展，深入推进现代绿色智慧供应链建设，促进挖潜增效，国家电网公司在电子商务平台建设再生资源交易专区，打造数字化"废""旧"资源智慧交易平台，实现再生资源交易统一平台、规范管理、效益最优。

（二）建设内容

ECP 再生资源交易专区，以竞价活动为主线，涵盖回收商管理、处置计划编制、竞价公告发布、报废物资竞价、销售合同签订、履约评价、回收商违约管理等应用功能模块，实现报废物资处置交易活动全流程线上办理，全面支撑各单位报废物资网上竞价标准化、规范化、高效化开展，引导回收商有序竞争，大幅度提升废旧物资处置工作效率，如图 6-4 所示。

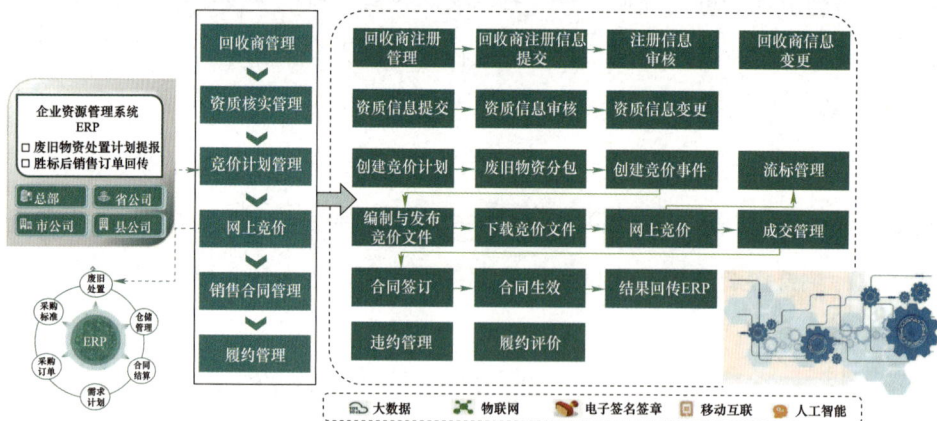

图 6-4　ECP 再生资源交易专区功能模块

1. 回收商统一审核

回收商自行在电子商务平台注册企业基本信息，废旧物资业务相关人员按照国家电网公司统一的审核标准审核回收商注册及资质信息，并维护回收商资质分类，分类之后可在已分类页签的回收商库随时查看回收商信息。

2. 处置计划智能分包

再生资源交易专区竞价计划管理模块依据历史报废物资处置数据和分包情况，分析不同类别报废物资分包竞价结果，按照物资类别、所在地区、数量规模等属性不同，对报废物资竞价计划进行智能分包，提高报废物资竞价处置的效率，同时提供人工手动调整分包顺序功能，提高分包的灵活性与便利性。

3. 竞价公告在线发布

报废物资竞价准备人员在线起草竞价公告，维护详细信息并发布，回收商在线查看公告内容并免费下载竞价文件，实现竞价信息的透明化、规范化。

4. 报废物资网上竞价

竞价开始前，竞价准备人员在线设置竞价活动过程中的竞价规则，形成竞价事件并发布；竞价过程中，竞价回收商在线报价，竞价事件管理模块对竞价过程实时监控，对竞价过程中出现的异常主动提醒；每个包初始时间为 5min，在竞价结束前 2min 内有回收商报出最高价的，再按新出价时间顺延 2min，在规定竞价时间内再无有效报价，最后报价回收商为预成交回收商；竞价完成后，竞价事件管理模块自动判断当前最高价是否高于底价，若最高价低于底价，则该分包流标，若最高价高于底价，则该分包成交，向各成交回收商发送成交通知书，回收商进行线上确认。

5. 合同履约在线执行

竞价结果确认后，再生资源交易专区在线起草销售合同，并与经法系统贯通流转；同时接入财务管控系统的回收款信息，掌握回收商资金结算节点信息，实现报废物资合同履约全流程线上管理。

6. 履约评价与分级管控

报废物资合同签订人员按照一单一评价，对已生效正在履约或履约完成的合同的服务态度、资金支付效率、履约能力进行线上评价。在年度审核时，将在库回收商参与竞价和中标履约情况纳入回收商数据库，实行在库废旧物资回收商分级管理。

7. 回收商违约处罚公示

对违反约定的回收商进行在线违约提报并全网公示，公布回收商详细名称、违反事项、违约处罚内容等，实现回收商黑名单共享，提高报废物资网上竞价处置的有效性。

再生资源交易专区部分功能如图 6-5 所示。

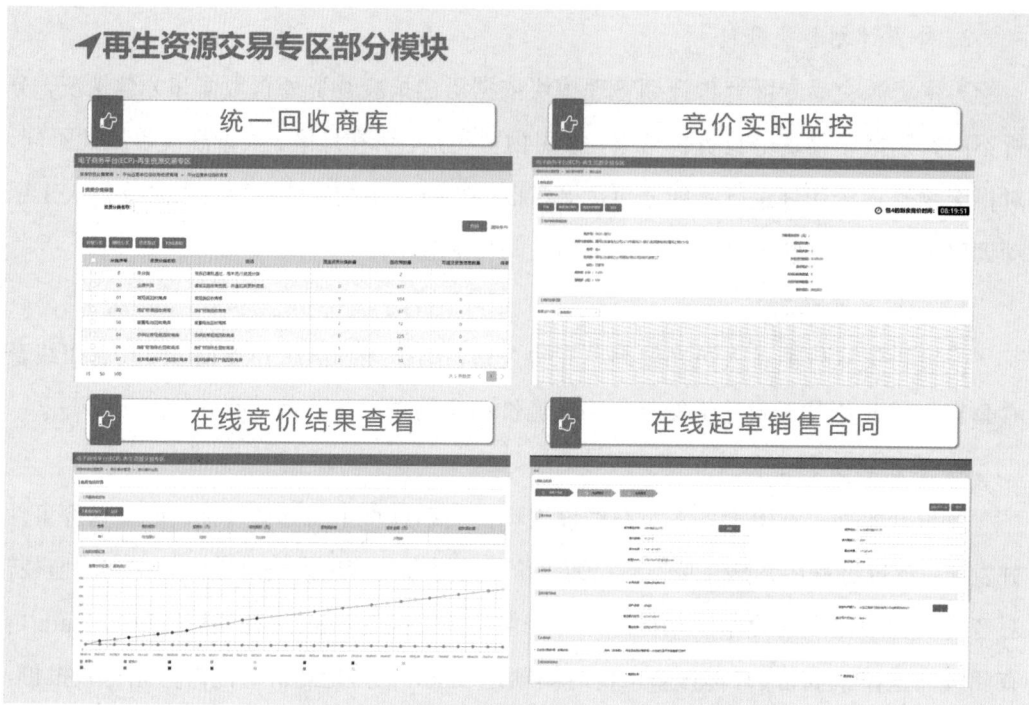

图 6-5 ECP 再生资源交易专区部分功能

（三）应用成效

随着国家电网公司规模不断扩大、业务范围稳步增长，电网设备更新换代步伐加快，退役报废物资总量逐年递增。自 2011 年 6 月 ECP 再生资源交易专区上线以来，废旧物资处置效率及效益大幅提升，共成功处置报废物资 3785 批次 38674 包报废物资，竞价成功率 88.73%，平台年处置成交金额逐年升高。

二、ESC 统计分析与监控预警

ESC 废旧物资管理主要包括废旧物资统计分析和废旧物资监督预警功能。通过业务信息多维可视分析、动态监控预警，提高废旧物资处置大数据分析和挖掘能力，助力国家电网公司供应链提质增效，实现废旧物资管理的精益化、规范化、高效率。

1. 报废物资统计分析

废旧业务总览：从报废物资成交金额、处置批次、处置包数、溢价率、回收商注册数等方面统计废旧业务总体情况。业务数据分析：根据自定义时间查询各单位报废物资竞价事件个数、成交包数、成功率、底价、成交价、溢价率等每包报废物资处置详细情况；废旧物资管理月报：每月系统自动生成报废物资处置管理月报，掌握各单位报废物资情况。

2. 报废物资监控预警

通过对各单位本期处置金额与本单位近三年同期平均处置金额进行对比，综合展示各单位报废物资处置率及预警信息。

三、废旧物资线上全流程贯通管控

废旧物资管理涉及设备、财务、物资等多个部门，为解决废旧物资管理链条长、涉及系统多的难题，国家电网公司强化专业协同和数字化转型，建立废旧物资线上全流程管控机制，推动废旧物资颗粒归仓和高效处置，如图6-6所示。

图6-6 废旧物资全流程检测界面

通过汇聚拆除计划、实拆明细、报废审批日志等11项数据内容，创新开发废旧物资全链业务在线可视、应交实交自动对比、全链业务预警等14项功能。通过对比设备系统拆除计划、财务系统报废审批、物资系统入库数据的一致性，对实拆数量少于计划拆除数量的项目发出"应拆未拆"预警，对入库数量少于报废数量的项目发出"应交未交"预警，并推送相关业务单位限期整改和督办，提升废旧处置效率和风险防控能力。

第四节　废旧物资绿色化利用

随着国家深入推广绿色低碳发展理念，国家电网公司积极探索高效环保的处置方式，在集中竞价处置的基础上，打通上下游循环利用模式。试点绿色拆解分拣中心建设，开展"绿色循环"创新实践；推动危废仓库集中布局、集约管理，降低建设运营成本，提升危废物资暂存、绿色处置能力，提高再生资源精细化管理利用水平。

一、废旧物资绿色循环利用理念

国家电网公司秉承国家废旧物资绿色循环利用理念，推动废旧物资处置模式创新，积极探索电网设备再利用处置、再生资源拆解回收处置、电网危废回收利用等多种分类处置模式，提高资源循环利用水平，促进绿色低碳循环发展。

拆解是指特定报废物资如变压器、电能表等，按专业要求组织开展拆解破坏处理，防止其回流进入电网再使用，将其内部有害物质和有价值材料分离，收集有价值材料进行专业加工销售，提高再生资源有效利用。

再利用是指经技术鉴定为可利用物资，待入库后做好日常保管保养，以及物资修复、试验、维护保养完善工作，确保再利用物资可随时调用。

二、报废物资拆解处置

国家电网公司报废物资集中开展网上竞价（拍卖）处置，其中对于配电变压器、电能表等报废物资，按照专业要求组织开展拆解破坏处理，防止废旧设备回流进入电网带来安全风险，影响电网质量。

将报废物资经过拆解、回收和加工等多个环节处理后形成的可再利用资源（如各类有价值金属、PVC等材料）进行分类、分离，以便于后续回收利用，对设备中主要污染物质制定防污染保护措施，使报废设备拆解工作更加合理化、规范化。

（一）绿色拆解分拣中心建设

国家电网公司推广绿色拆解分拣中心建设，解决了废矿物油、废铅蓄电池等危废物资存储条件不标准、不环保及安全风险大等问题。通过建立危废物资处置全过程管控机制，形成报废物资"统一转运、统一拆解、统一暂存、统一交接"的"四统一"
管理模式。

目前国家电网公司部分省公司试点建设绿色拆解分拣中心 13 处，主要以拆解废
旧配电变压器为主，部分绿色拆解分拣中心将拆解范围扩展至箱式变电站、开关
柜、电缆、导线、电能表等物资。对拆解产出的铜、铝、铁、硅钢、PVC/PVE 材料、
变压器油等再生资源，按原材料进行分类竞价；对无处置价值物资则进行无害化处
理。通过试点推进绿色拆解分拣中心建设，提升废旧物资回收环节预处理能力，进
一步挖掘废旧物资利用价值，降低拆解成本，提高处置收益，推动国家电网公司
提质增效。

（二）报废物资拆解处置数智化管理

通过报废物资集中拆解，从源端杜绝报废物资回流电网。通过规模化拆解吸引金
属回收商参与竞价，提高处置收益，同时应用先进的数智化管理手段，强化各环节管
控，提高拆解质效。

在 ESC 开发废旧物资拆解全流程管理功能，实现拆解预约、拆解明细登记、拆
解结果确认、报废物资清运等全业务流程线上管控。通过碳减排分析、拆解业务统计
分析功能，实现了报废电网物资拆解全程记录、拆解信息随时调取、拆解进度实时查
询的功能，有效推动报废物资拆解处置绿色、精细化管理提升，如图 6−7 和图 6−8
所示。

图 6−7　绿色拆解分拣中心现场拆解报废物资

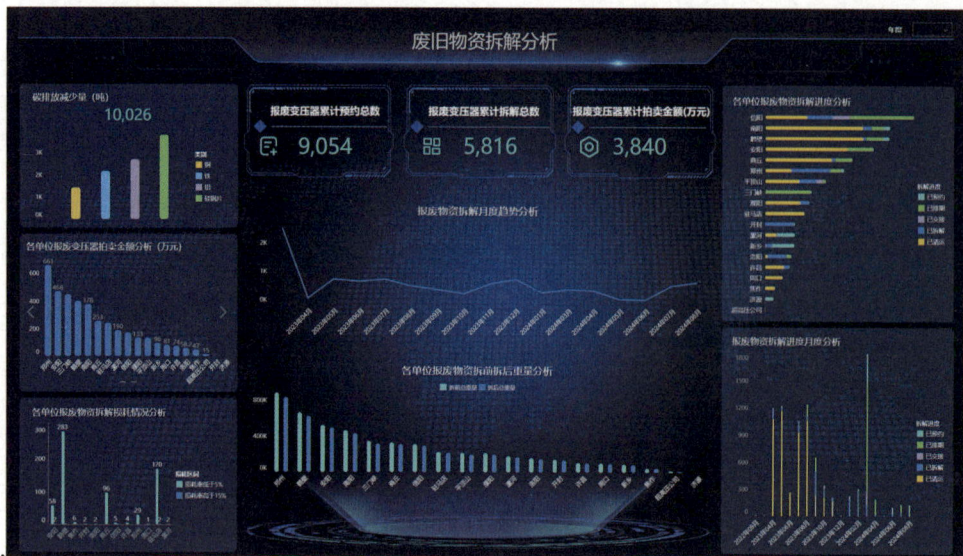

图6-8　绿色拆解分拣中心数智化系统应用

三、废旧物资循环利用探索

（一）危废物资：回收再利用

对废矿物油、废铅酸蓄电池等危险、污染性物资，国家电网公司探索废旧物资绿色处置新方向，开展废旧变压器油回收再利用研究工作，制定《废旧油浸式变压器拆解处置技术规范》企业标准征求意见稿和《变压器油回收过滤再利用实施方案》，探索对废旧变压器油循环净化再利用，加快推进废变压器油源头减量化、管理规范化、处置无害化，并科学规划暂存场所，规范电网企业危险废物暂存工作，避免造成环境污染，实现电网危险废物在电网领域内全供应链全寿命周期规范化管理。

（二）实物资产：资源盘活交易

国家电网公司强化全量物资库龄管理，动态监控各类物资在库时长，结合多维精益管理成果，精准掌握物资状态，优先使用长库龄物资，提升物资利用效率。

建立实物资源盘活交易平台，应用 ELP 实物资源盘活交易功能，建立内部市场交易模式，优化利库利仓规则、撮合模式、定价原则，高效支撑退役资产、备品备件等跨省、跨市盘活利用。

从行业视角，对内整合资源进行撮合交易，优化盘活利用指标，探索研究资产跨区域交易新业务模式，发挥平台规模效应及处置效率，实现全交易品种、多交易类型、多交易主体线上交易服务；对外将业务和数据服务延伸至上下游、合作单位，创新供应链行业级生态服务。逐步推动跨专业领域、跨企业间共享应用，如图 6-9 所示。

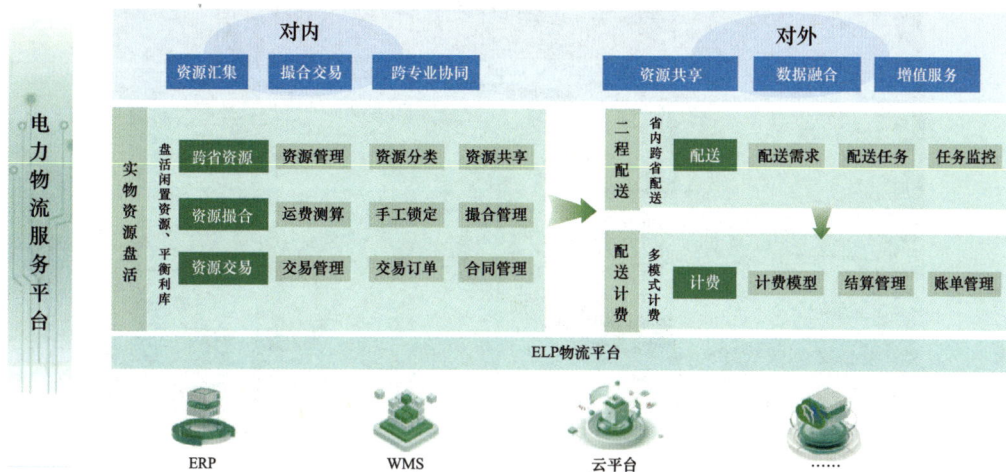

图 6-9　ELP 实物资源盘活交易功能

第五节　废旧物资管理实践

典型案例一：废旧物资绿色拆解，助力"循环经济"

为提高资源循环利用水平、促进绿色低碳循环发展、助力实现碳达峰碳中和，近年来，国家电网公司在部分省公司试点推进绿色拆解分拣中心建设，提升废旧物资回收环节预处理能力，进一步挖掘废旧物资利用价值，推动提质增效。

（一）主要做法

按照拆解流程，各单位将拆解计划在 ERP 提报，经收集、审核后，拆解服务商统一运输至绿色拆解分拣中心（见图 6-10）进行专业化拆解，通过接入 ESC 系统，对运输、拆解、存储过程进行实时视频监控。

对于拆解产生的铜、铝、铁、硅钢、PVC/PVE 材料等可再生资源，在 ESC 再生资源交易专区进行公开竞价，根据竞价结果统一签订废旧物资销售合同。废变压器油由具备危废资质的框架回收商统一回收。绝缘子、树脂等无处置价值的拆解产物由拆解服务商进行无害化处置。

通过不断实践，废旧物资拆解范围由报废配电变压器扩展至电能表、电力电缆、导线、开关柜、断路器、计量箱等多类物资。

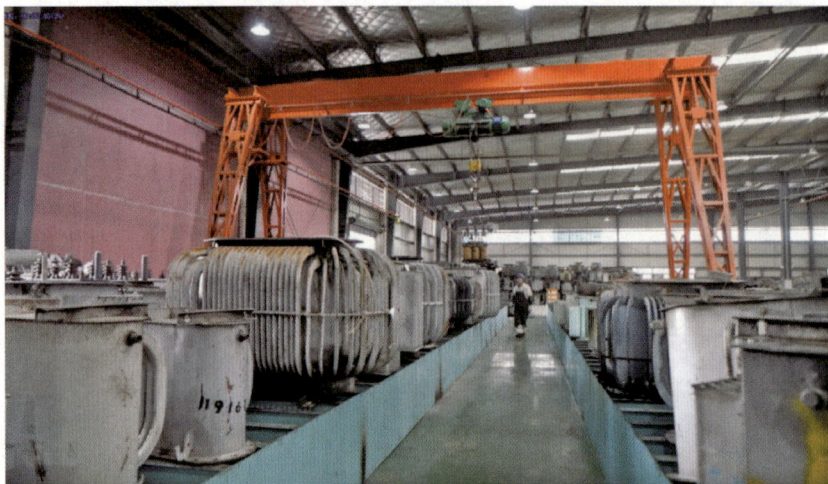

图 6-10　绿色拆解分拣中心

（二）创新点及成效

建设绿色拆解分拣中心，将原本分散在各单位的废旧物资进行统一回收拆解处置，进一步挖掘废旧物资价值，提高处置收益，竞价成交金额较拆解前评估值溢价近40%。同时避免危废物资泄露造成的环境污染，积极推进循环经济建设落地，为实现"双碳"目标贡献力量。

典型案例二：蓄电池集中保管，推动绿色数智化管理

废旧蓄电池作为危险废物，收集存储和转移的风险很大，对专业管理和处置能力的要求很高。随着电网规模的不断增长，产生的废铅蓄电池的数量也在逐渐增加，由于缺少专业的存储场所，废铅蓄电池的处置存在很大风险。

（一）主要做法

国家电网公司制定统一存储标准，推动专用危废库建设，对废旧蓄电池进行集中存储。对危废库地面进行防渗漏处理，配置漏液导流槽、废液收集池、排风报警系统、可视化在线监控和检测仪表等设施，如图 6-11 所示。

采用标准化报废物资编码进行 ERP 出入库管理，应用 WMS 自动生成盘点任务和报表。通过与省级固体废物动态管理信息平台联网互通，实现入库智能称重、标签打印、台账自动生成、视频在线监控及风险识别等功能。对蓄电池进行余能检测、残值

评估，通过与当地路灯管理处合作，遴选出可再利用的蓄电池用于新能源路灯照明系统，充分挖掘残余价值。

图6-11　蓄电池存储危废库

（二）创新点及成效

通过对报废电池进行集中管控，取得了运营成本低、环境污染小、管理效率高的良好效果。通过全流程数智化管控，废蓄电池的回收、收集、处置有效衔接，实现全过程智能监管，真正做到入库来源可查、储存状态可知、再利用和处置去向可追的合规管理。

典型案例三：建立拆旧计划预警模型，提升废旧源端精益管理

拆旧计划的准确性和执行情况是制约废旧物资足额回收的重要因素，国家电网公司深化跨专业数字化、智能化管控，创新建立拆旧计划预警模型，有力提升报废物资处置质效。

（一）主要做法

针对农网工程拆旧计划编制不准确问题，国家电网公司试点选取233个农网项目，对项目可研初设材料进行分析，梳理农网工程中水泥杆数量与相关设备材料用量比例关系。通过正态分布概率密度曲线分析统计，得出拆除水泥电杆与拆旧物资比例的合理区间，实现同类型项目根据拆除水泥电杆数量即可得出相应拆旧物资数量范围。通过搭建拆旧计划智能审核平台，将区间数据录入平台，支撑拆旧计划异常数据自动预警，服务项目单位拆旧计划精准编制。同时依托 ESC 汇聚拆旧计划、报废处置全流

程数据，从拆旧计划回收数量和回收时效两个维度开展监控预警，确保报废物资应收必收、应收尽收，如图6-12所示。

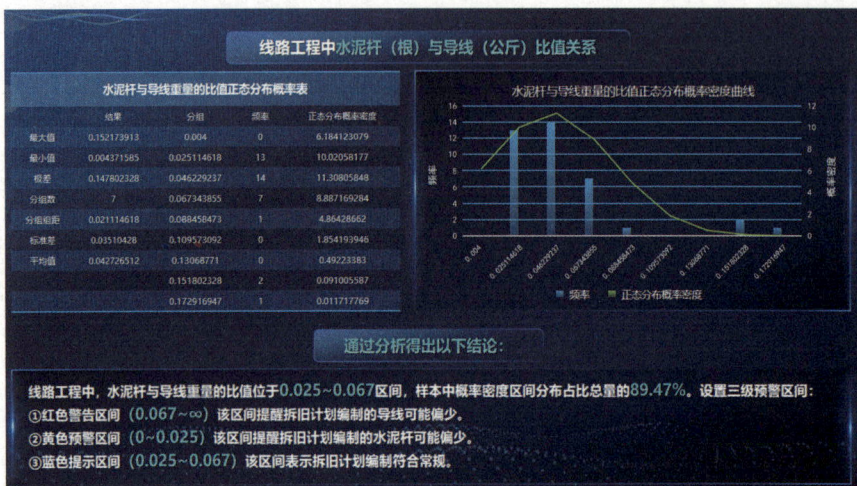

图6-12 拆旧计划智能审核监控系统

（二）创新点及成效

通过数字化手段开展废旧物资精益化管理，确保报废物资颗粒归仓，防范物资领域廉洁从业风险，助力提质增效，布电线拆旧数量提升105.81%，计量箱拆旧数量提升45.70%。

典型案例四：探索废旧无公害处置，提升环保效益

国家电网公司积极探索废旧物资无公害差异化处置方式，建立专业破拆基地，实现绝缘子、避雷器、水泥电杆、电缆附件等5类废旧物资集中破拆处置，防止非法回流电网。

（一）主要做法

国家电网公司制定了严格的破拆流程，依次为识别、分拣、拆卸、切割破碎、筛选分离；除常规破拆工具外，针对绝缘子等存在回流风险的物资及水泥杆等难破拆的物资，特别定制了液压破碎机和锤式粉碎机进行针对性拆解，相比传统破拆方式更加绿色、安全。破拆完成后，钢筋放置在金属制品安置区等待竞价，碎瓷渣和水泥渣会统一运送到具有资质的处置公司进行绿色回收再利用，通过添加特殊材料制作成胎膜板、隔墙板等建材应用于城市建筑中，相较传统的集中填埋方式更加经济、环保，如图6-13所示。

图 6-13　废旧物资破拆基地

（二）创新点及成效

以国网江苏电力为例，通过对废旧物资进行无公害差异化处置，每年可对 2000 余吨废旧物资进行无害化处理，产生经济效益约 60 万元，减少碳排放量约 1600t。

典型案例五：优化竞价策略，推进废旧物资现场一站式处置

国家电网公司着力推进废旧物资处置工作，分级分类制定处置竞价策略，全面应用废旧物资现场处置模式，切实优化线路资产和整站设备废旧处置流程，在提高处置效率的同时有效降低存储和运输成本。

（一）主要做法

针对线路工程拆旧物资回收，国家电网公司优化现场处置工作机制。采用提前报废、预估总量、单价竞拍、据实结算的处置模式。在可研初设阶段提前完成技术鉴定、报废审批流程，组织原设计、运行单位查核档案，价值评估人员根据原工程施工图结合现场踏勘情况完成拆除总量预估，确保误差在±10%以内，防范数量偏差过大导致合同执行风险。采取按类别分包、按单价竞拍的方式进行。同一条线路资产按照不同材质物资类别划分标包，合同履约环节实际交接数量控制在竞价文件标明数量误差范围内，据实交接、结算。

针对变电站整站废旧物资处置，采用提前报废、整站评估、集中竞价、随拆随交的处置模式。提前开展技术鉴定及报废审批流程，在完成集中竞价处置后，与成交回收商约定交接工期，随拆除、随移交，进一步提升原址重建项目"四通一平"（详见二维码）效率，如图 6-14

延伸阅读

四通一平

149

所示。

图 6-14　废旧物资现场处置

（二）创新点及成效

通过废旧物资现场一站式处置模式，2023 年国网天津电力公司累计完成 4 条输电线路及 2 座整站废旧物资报废处置，处置效率提升 60%，降低仓储成本约 75 万元，压降运输成本约 42 万元。

第七章

国家电网公司应急物流管理

近年来，极端恶劣天气等导致的自然灾害频发并呈现多灾种耦合特点，为落实国家应急管理工作要求、防范化解电网风险、保障电力供应及民生用电，国家电网公司聚焦公司发展战略和总体布局，持续深化绿色现代数智供应链应用，发挥资源统筹调配优势，完善应急物流体系机制，高效应对各类突发事件，全面提升应急物流管理水平。

第一节　应急物流管理目标

国家电网公司以深化绿色现代数智供应链建设运营为主线，以提升资源保障、应急响应、专业协同、体系运转四种能力为目标，拓展全量数字资源池，强化资源统筹调配，加强专业协同联动，构建平战结合、储备充足、反应迅速、抗冲击能力强的应急物流体系（见图 7-1），持续提升应对各类突发事件的应急物资快速响应能力，为电网安全运行及供电优质服务提供坚强支撑。主要目标如下：

（1）资源保障能力方面：按照集中管理，统一调拨，平时服务，灾时应急，采储结合，节约高效的管理原则，建立分级分类管理、反应迅速、保障有力的应急物资储备体系。依托 ESC 全量数字资源池，拓展实物储备、协议储备、订单资源、产能运力等资源，强化统筹调配，打造市域 2h、跨市 4h、跨省 8h 的应急物流保障圈，确保应急物资高效配送到位。

（2）应急响应能力方面：依托两级 ESC，实现预警发布实时启动，响应信息 30min 内上报。收到物资需求后，在库在仓物资 1h 内完成发货；跨省、跨市调配物资，调出单位接到调配指令后 2h 内完成出库；应急采购物资需求于当日锁定供应商，快速组织生产发货，供需信息共享水平显著提升。

（3）专业协同能力方面：国家电网公司 ESC 和 ECS 深度融合，应急状态下，资源调配多级联动、应急协调会商机制高效运转，项目立项、资金落实、需求提报、物资领退和拆旧移交等应急物资闭环管理措施更加规范，手续办理时效性进一步提高。推进外部协同，优化分级协同机制，将国家电网公司应急物流体系融入国家、区域、城市应急保障体系。

（4）体系运转能力方面：建立统一领导、分级负责、反应灵敏、协同联动的应急指挥体系，实现突发事件应对的统一指挥、科学决策。健全完善应急物资保障制度标准和预案体系，进一步提高应急演练常态化、实战化水平。建设应急物资专家和产品经理队伍，打造规范化、专业化的应急物资保障队伍，提升精准处置、高效应对能力。

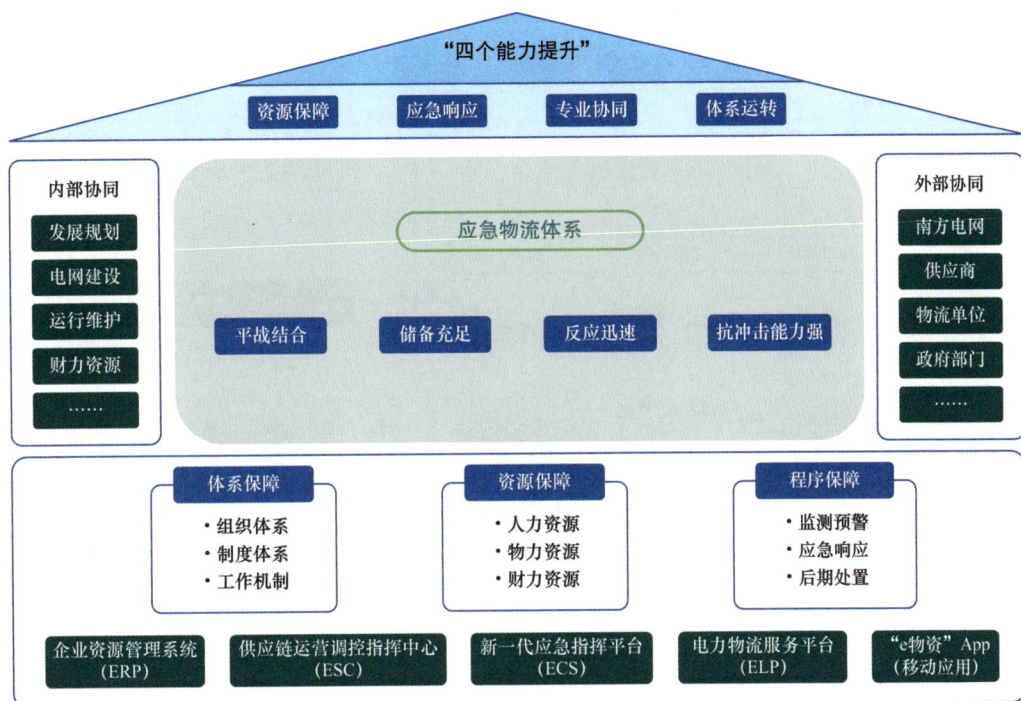

图 7-1　应急物流体系架构图

第二节　应急物流体系

应急物流体系是为应对突发事件而建立起来的，能够迅速响应应急物资需求，保障短时间内恢复供电及应急供电的物资管理组织机制和工作流程，确保应急状态下物资的快速供应。

一、应急组织体系

（一）组织体系架构

国家电网公司按照统一指挥、分级负责、属地为主的原则，建立总部、省、地市三级应急物资保障组织体系。应急物资保障工作由物资部门归口管理，发展、财务、安监、设备、营销、数字化、后勤、调控中心等相关职能部门按照职责分工协同开展。

发生重特大应急灾害事件时，视情况决定成立应急物资保障现场指挥部，现场指挥部由国网物资部、国网物资公司、事发单位、支援单位相关人员，以及公司抽调的应急物资专家、产品经理组成，按需成立计划组、资源组、配送组、采购组、支援组、综合组等工作小组，各小组可根据现场实际及工作需要进行合并或调整，应急物流组织架构图如图 7-2 所示。

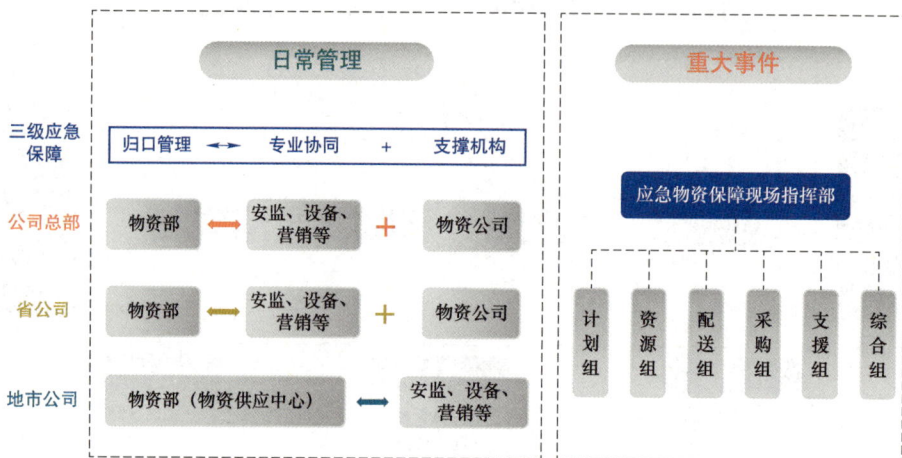

图 7-2　应急物流组织架构图

（二）组织体系运转模式

为满足应急物资保障的时效性要求及不同应急阶段的差异化需求，应急组织体系的运转要灵活、快速、高效，并能及时根据现场情况及工作需要进行动态调整。常用的运转模式如下：

（1）"前方+后方"联动模式：前方是指应急事件事发地，后方是指国家电网公司总部及省公司。该模式主要是针对应急事件事发地无法满足需求的物资，由国家电网公司总部对各省公司的物资进行统一匹配、下达调拨指令、组织发货运输，以支撑前方物资保障工作。

（2）"指挥+专业+协作"模式：发生重特大灾害应急事件，成立应急物资保障现场指挥部，指挥部下设专业组、协作组，专业组由计划组、资源组、供应商组、配送组、信息组、综合组 6 个小组构成，协作组由各省支援参与单位物资对接人组成。

（3）"常态+专班"模式：采取"特事特办"的运转模式，解决应急物资保障中遇到的突出问题。例如公开物资保障 24 小时服务专线，开放全网库存查询权限；发布抢修物资采购供应便捷举措，编发应急状态下零星物资授权采购目录，简化需求计划提报内容和流程，重大问题直接现场督办协调；根据事态发展需要，适时组建柔性专班，集中攻坚过程中的突出问题等。

二、应急制度体系

（一）规章制度

依据《中华人民共和国突发事件应对法》等法律法规及《国家电网有限公司供应链管理通则》等有关规定，建立健全突发事件应急物资保障制度，制定《国家电网有限公司应急物资管理细则》，编写《国网应急库运营作业指导手册》、作业标准卡等配套规范，形成系统完备、科学规范、运行高效的应急物资管理规章制度体系。

（二）标准体系

开展应急物资保障企业标准、团体标准立项编制，加强风险防控、防灾减灾救灾、应急处置、应急物资、风险评估等标准的起草、审查、实施和监督执行，建立科学实用的应急物流标准体系。

（三）预案体系

按照统一标准、分级负责、协调衔接、动态管理的原则，建立覆盖全灾种、各层级、全过程的应急物流预案体系。注重与各部门专项应急预案的衔接，细化不同突发事件的差异化应急响应措施。强化应急预案评估修订，增强应急预案的可操作性、实用性和针对性。

三、应急工作机制

（一）预警监测机制

国家电网公司各级应急办通过对危险源监控、风险排查和重大隐患治理，利用ECS收集突发事件并推送给物资部门。各级物资部门通过ESC及时接收应急指挥系统发布的预警信息，密切跟进预警事件发展情况，开展监测、辨识、分析，预判主要风险。

（二）应急预调机制

依据洪涝、地震、台风、冰冻、暴雪、公共卫生、重大保电等典型灾害场景应急物资标准化储备清单，根据预警信息做好应急物资梳理，按照应急物资缺口实施灾前预调，提前在相关区域设置临时存放点，部署人力、物力、运力资源，为现场抢修工作打足"提前量"。

（三）研判会商机制

国家电网公司总部、省、市、县各级物资部门主动对接本级单位应急办及预警涉及区域电网建设、运行单位，及时跟进事态发展，掌握最新信息，预测发生突发事件的可能性、影响范围和严重程度，适时启动 24 小时应急值班和会商，研判是否在相关影响区域设置临时存放点，提前部署人力、运力、物力资源。

（四）统一指挥机制

按照统一指挥、专常兼备、反应灵敏、纵横联动、平战结合的要求，总部、省、市三级应急物资管理部门（单位）统一组织、协调、指挥各类突发事件的应急物资保障工作，同时加强与政府部门、供应商、第三方物流等外部单位的沟通协作，充分整合内外部应急资源，形成应急处置的强大合力。

（五）分级响应机制

应急响应坚持分级负责、属地为主的原则。按照突发事件的性质、严重程度、影响范围等因素，事发地及周边相关单位作出相应级别应急响应。同时，要根据不同类别突发事件的性质和特点，着重分析事件的发展趋势，及时提高或降低响应级别。

第三节　应急物流保障资源

按照平时服务、灾时应急的原则，在日常工作中加强组织保障、资源保障、程序保障、支撑保障机制建设，确保应急保障人力资源、物力资源、运力资源、场地资源及数字化支撑储备充足、反应迅速，保障应急物资快速可靠供应。

一、应急保障人力资源

（一）应急物流保障队伍

应急物流保障队伍是指在应急响应状态下，按照柔性组织方式，计划、采购、合同、供应等专业参与应急物资保障工作的相关人员，打破专业限制统筹应急物资采购供应。

（二）应急物流专家库

应急物流专家库是指吸纳经选拔、业务能力突出、工作经验丰富、在物资供应等专业领域表现优秀的人才组建的专家队伍，重特大灾害状态下可参与并支撑国家电网公司的应急响应工作。国家电网公司按照统一组建、共享使用、量化考评、动态管理的原则建设总部和省公司两级应急物资专家库。专家入库遵循公开遴选、择优推荐、专业覆盖、科学分级原则，采用申报与推荐相结合、审核与考评相结合的方式遴选。聘期内，从选拔、使用、评价、培训、调整 5 个维度对专家进行全过程积分管理，充分发挥专家在业务培训、技术攻关、标准制定等方面的作用。

（三）应急物流产品经理

产品经理队伍是指为提高物资人员电网装备专业知识储备水平，按照常用物资产品类型培养的专项产品经理队伍，日常进行针对性专业素养培养，并指导常态化供应工作，灾时发挥专业特长，保障专项产品集中供货。国家电网公司按照择优遴选、科学分类、训战结合的原则，按照线圈、开关、电缆等常用物资产品类型，利用产品经理能力素质"五维模型"（科学预测应急需求、熟悉产品功能特性、掌握产品来源渠道、高效开展物资配送、精准分发应急物资），打造高素质、专业化的应急物资产品经理队伍。

（四）应急演练和培训

应急演练是指针对突发事件风险和应急物资保障要求，按照应急预案规定的职责和程序进行对应训练。应急物资保障演练（详见二维码）按照水灾、冰灾、地震、台风等不同场景，每两年至少组织一次。演练可采用桌面推演、实战演练、无脚本演练等多种形式。应急演练不局限于物资专业，应会同安监、设备、基建等专业部门协同演练，使应急演练更加贴合实际、贴合实战，在战时状态发挥作用。针对应急演练发现的问题，定期开展预案适用性，及时修订预案及开展培训，如图 7-3 所示。

延伸阅读

应急物资
保障演练

图 7-3 应急物资保障演练

二、应急保障物力资源

（一）物力资源范畴

应急保障物力资源包括实物库存、协议库存、零星物资、合同订单、应急采购资源、供应商库存储备、跨企业共享资源等。

实物库存资源：存放在国家电网公司各级物资库、专业仓内，应急状态下可随时调用的物资资源。

协议库存资源：应用协议库存合同采购结果，应急状态下调用供应商库存或安排紧急生产的应急物资保障资源。

零星物资资源：应急状态下在零星物资专区选购的防护用品、零星物资等应急物资保障资源。

合同订单资源：满足供货需要的在执行物资采购合同，应急状态下开展跨项目采购订单调配的应急物资保障资源。

应急采购资源：当实物库存、协议库存、零星物资、合同订单等方式均无法满足供应，或各类资源响应时效无法满足现场需求，以及需按图定制加工的设备材料等，采取应急采购方式。应急采购由灾害地区所在地省公司组织开展，总部采购目录范围内物资应急采购后，报总部备案。

供应商库存储备资源：存放在供应商仓库内，应急状态下可协商并紧急调用的物资资源，包括成品及关键组部件。

跨企业共享资源：其他电网企业物资资源，应急状态下，经双方协商后可相互调配使用。

应急保障物力资源如图 7-4 所示。

图 7-4　应急保障物力资源示意图

（二）物力资源管理

国家电网公司遵循集中管理、统一调拨、平时服务、灾时应急、采储结合、节约高效的原则，建立以实物储备为主、协议储备为辅、应急采购及共享调用为补充的应急物资供应机制。

1. 实物储备

应急实物资源包括应急储备物资和日常周转物资。应急储备物资采用定额储备方式，应急装备、应急防护、安全工器具等采用实物储备存储。日常周转物资采用集中储备或供应商寄存方式，用于日常周转的电网设备、材料等物资，应急状态下按需调配。

各专业部门建立应急储备物资的日常检查、试验、定期保养与动态周转机制，根据应急库储备定额清单及应急物资的特性、可用年限，按保养周期对应急储备物资开展维护保养，实施"定期补库、到期周转""定期维保、到期报废"等动态周转，确保储备物资状态优良、随时可用。

2. 协议储备

结合协议库存供应商物资保障情况，建立总部和省级两级优质协议库存供应商名录，定期更新完善。按照属地原则建立与协议供应商的信息共享机制，收集、汇总协议供应商库存物资情况，定期跟踪供应商产能。选取有能力、有意愿、绩效优、长期服务电网企业的生产商，签订应急物资协作保障合作协议，明确双方权利与义务，建立长期合作关系。依托供应商产能及库存，构建应急状态下坚强可靠的供应商协作网络，进一步扩充国家电网公司应急物资保障备用力量。应急状态下表现优秀的供应商，在履约评价中加分激励。

3. 应急采购

应急物资采购主要有协议库存资源采购、零星物资采购、直接采购、应急物资代采四种组织方式。

（1）协议库存资源采购：应用总部和省公司两级协议库存采购结果，快速锁定协议供应商，以供货单方式要求协议供应商按照规定时间提供相应数量的产品。该采购方式适用于日常使用频度高、响应时间短、技术标准统一的物资。

（2）零星物资采购：通过两级办公用品及非电网零星物资选购专区，按照采购文件约定的方式从协议内的供应商中择优确定成交供应商和单价。该采购方式适用于零星需求采购。应急情况发生时，可授权抢修组直接在电商平台实施零星小件选购或直接采购，响应结束后统一结算。

（3）直接采购：当实物库存资源、协议库存资源、零星物资资源、合同订单资源等方式均无法满足应急抢修物资供应时，进行直接采购。按照效率优先原则，根据供应商库存、产能、履约能力、区域位置，锁定最快提供物资的供应商，履行相关手续后实施直接采购。

（4）应急物资代采：针对不常见的灾害类型，如重大疫情、地震等应急情况，委托顺丰、京东等企业共享自身的商业平台和优质集团客户，协助进行物资代采，提高应急物资响应速度。该采购方式适用于有效期限短的物资，如药品、医用物资等。

4. 共享调用

依托 ESC，汇聚国家电网公司物资库、专业仓、工程现场等实物资源信息，接入链上供应商实物储备、寄存物资信息，构建统一物力资源池。打通制造企业产能储备、上中下游企业、其他电网企业实物储备资源共享链路，与优质供应商建立关键产品、组部件、备品备件联合储备机制，云聚实物资源，实现一盘棋统筹调配，提高应急物资保障能力。

（三）应急物资储备体系

为提高应急物资供应时效，国家电网公司构建"国网应急库—省周转库—市县终端库—专业仓"应急仓储网络，建设应急储备单元，精简物料品类，确保关键时刻应急物资拿得出、调得快、用得上、有保证。

1. 应急仓储网络

综合考虑区域灾害类型分布特点，结合需求供给与效率成本等因素，国家电网公司层面设置六大应急库。其中北京、武汉应急库定位"一北一南"综合应急库，兼顾保电与综合抗灾功能；天津、嘉兴、沈阳、兰州应急库分别定位为电力保供、台风暴雨、冰冻雨雪、地震地质灾害专项应急库。国网应急库由总部管目录、省公司实体运作，深度融入本省应急体系，平时保障本省日常运维、战时支撑区域保障，极特时兜底全网供应，如图 7-5 所示。

2. 分级分类储备

坚持突出重点、统筹考虑、差异配置、适度超前、方式多样的原则，开展总部、省、市（县）应急物资分级分类储备。国家电网公司应急库重点储备应急抢修工器具、应急使用消耗品及大型应急救灾设备装备等物资，六大应急库储备定额实行"一库一

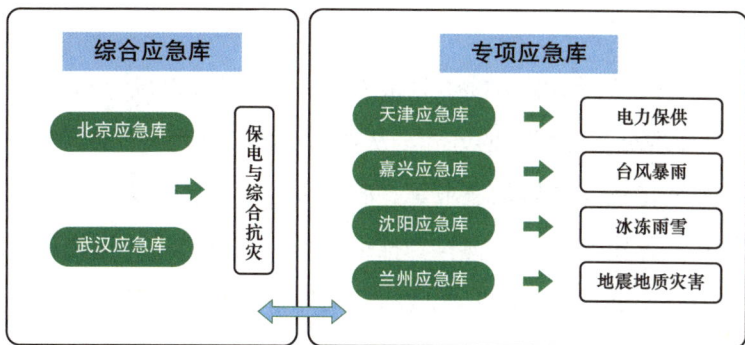

图 7-5　国家电网公司六大应急库

策、滚动修编"。省公司周转库统筹考虑区域灾情分布、电网规模等因素，重点储备价值高、市场稀缺、需定期维护的应急救援装备（包括特种车辆、大型应急通信、照明、供电等应急装备）及生产周期长、易（免）维护的应急物资装备。市县公司重点加强日常一般应急物资的储备。

3. 标准化储备清单

按照不同灾害抢险物资需求特点和灾害不同阶段的需求变化，制定主网输电、主网变电、配网变电、配电线路、生活、救灾六个模块及暴雪、冰冻、地震、洪涝、台风、公共卫生、重大事件保电七个灾害场景的应急物资标准化储备清单（详见二维码），实现全网应急资源"一本账"可视管理，实时查询公司物资库、专业仓库存品类、数量和位置状态，满足应急状态下物资快速响应的需要，如图 7-6 所示。

图 7-6　应急物资标准化储备清单

4. 精简物料品类

国家电网公司围绕"绿色、数智"发展方向,建立供应链统一标准体系,采用"大数据分析为主+专业分析为辅"的方式,从物料技术可替代性、技术前瞻性、专业发展要求、网省地域特点及差异化需求等方面,进一步细化、深化标准物料清单,压减可替代性物料、保留通用标准物料、推进成套装置物料,确保物料的先进性、适用性,提高应急物资通用互换和匹配效率,缩短事故抢修时间,为应急物资保障奠定基础。

三、应急保障运力资源

(一)运力资源范畴

应急保障运力资源包括自有运力、框架协议运输商、社会物流企业及物资供应商等运力资源,依托 ELP,搭建运力资源池,应急状态下能够提供运输配送服务。

(1)自有运力资源:指国家电网公司自身拥有并能够利用的应急物资运输资源,例如自己的货车、配送车辆等。这些资源通常在紧急情况下能够快速调动使用,帮助应对灾害或其他突发事件。

(2)框架协议运输商:指由各级物资部门、应急物资仓库所属单位通过招标方式选择的具有运输资质和相应运输能力的第三方物流承运商。国家电网公司应定期梳理并更新框架协议承运商,建立应急运力资源库。从实体库领用或调拨的实物资源的运输以协议承运商为主。

(3)社会物流企业:指未与国家电网公司签订应急物资运输合同,通过寻源或应急调派的运力资源。社会物流企业是专门从事货物运输、仓储、配送等物流服务的公司。在灾害或其他紧急情况下,快速响应,提供物流运输服务,确保应急物资的及时配送。

(4)供应商运力资源:应急采购物资情况下,由供应商提供的货车、配送车辆等物流运输资源。供应商运力资源的优势在于其规模较大、运力较强、响应速度快等,能够快速提供物流运输服务。应急采购物资的运输原则上由供应商负责。

(二)运力资源管理

1. 全量运力资源池

依托 ELP,统筹全网运力资源,建立全量运力资源池。各级物资部门日常选择与具有运输资质和相应运输能力的物流承运商建立合作关系,与中国物流集团、中铁、中特等大型物流企业协作，确保灾时运输网络畅通。发生应急事件时，根据应急物资需求情况，统筹调度各类运力资源，以全量资源池运力为主、大型物流企业运力兜底，进一步扩展运力资源调配范围，提升应急物资配送能力，如图 7-7 所示。

图 7-7　ELP 全量运力资源池

2. 全过程在线监控

利用 ELP 的运输监控功能，实时监控在途设备的运输路径、运输状态等信息，解决高峰配送时信息不对称、到现场后收货慢、个别物资送错等问题，确保物资及时、准确、安全送到指定地点，提升配送指挥效能和整体运力的科学调度，如图 7-8 所示。

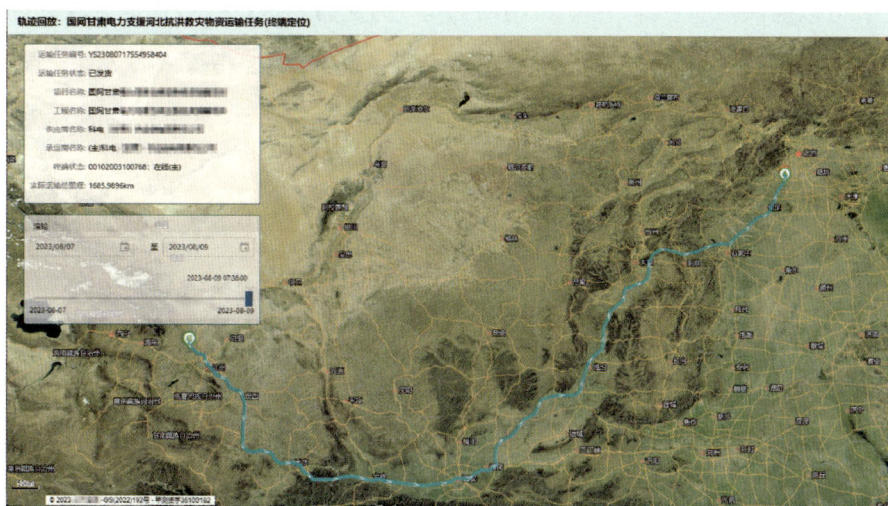

图 7-8　ELP 运输监控

3. 全方位协同联动

各级物资部门建立沟通协调机制，加强与属地内交通运输管理部门及有关企业对接，确保物流运输网络运转顺畅。建立应急状态下航空、铁路、公路、水运等多元组合、多式联运模式。加强区域统筹调配和物资运输监控，必要时依托属地联系交管部门获取绿色通行许可，保障供应链物流"大动脉""微循环"运行畅通。

四、应急保障场地资源

（一）应急备用场地

针对灾害多发区域，在用好已有物资库、专业仓场地的前提下，每年应至少选择2个重特大灾害应急备用场地，多发、频发自然灾害的地区应至少选择3个及以上应急备用场地。应急备用场地可优先选择电缆、铁塔、导线等主力供应商生产场地及社会性仓库是、厂房等满足条件的场地，利用场地已有的工器具、设备进行装卸、材料切割、物资分发等业务，满足应急物资"市域2h、跨市4h、跨省8h"快速收发货要求。场地存储室外面积应不小于 $5000m^2$，室内不小于 $2000m^2$，所在地应远离不安全区域，防止次生灾害的发生，保障应急物资和人员的安全。

（二）临时集中办公场所

重特大灾害临时集中办公场所是指发生重特大灾害时，应急物资现场保障部办公场所，其可以确保畅通总部、省、市网络通道，为应急物资指挥协调提供软硬件支撑。重特大灾害临时集中办公场所可优先选择省供应链运营调控指挥中心大厅、省级评标基地、内部大型会议中心等。办公场所应交通便利，具备 50 人以上临时人员办公条件，方便救援人员前来集中办公或救援工作协调指挥。

五、数字化保障

（一）应急全链业务线上协同

近年来，国家电网公司深入推进应急指挥信息化建设，贯通 ECS 和 ESC，依托 ELP、应急物流管理工具和基于"e 物资"的应急保障 App，实现应急物资需求计划提报、审核、匹配寻源、收发货与配送全链业务线上实施，全面提升应急全链条业务协同能力，高效保障应急物资供应，如图 7-9 所示。

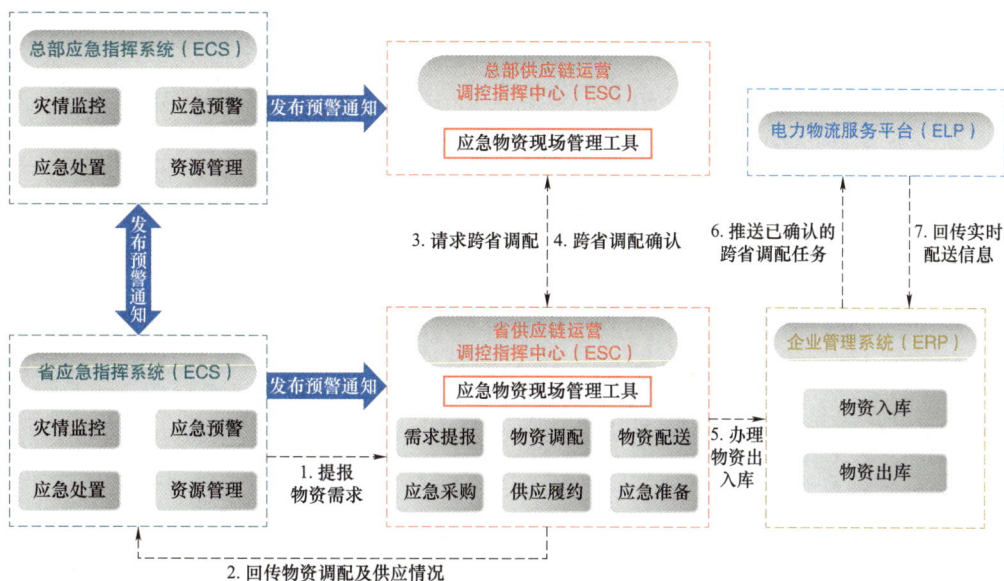

图 7-9 全链业务线上协同示意图

（二）供应链运营调控指挥中心

供应链运营调控指挥中心是应急物资供应保障的指挥中心和大脑中枢，通过汇聚供应链全链的数字资源信息，实现准确、灵敏、高效的应急物资调配指挥。平台应急指挥功能模块具备预警信息监测、预警信息下达、应急事件响应、应急需求调度、物资运输跟踪等功能，能够在线协同应急物资需求提报、调配指挥、仓储配送、现场交接、结算支付等业务，实现应急事件全过程在线办理、全程监控、实时跟踪，全面提升应急响应速度及保障能力，如图 7-10 所示。

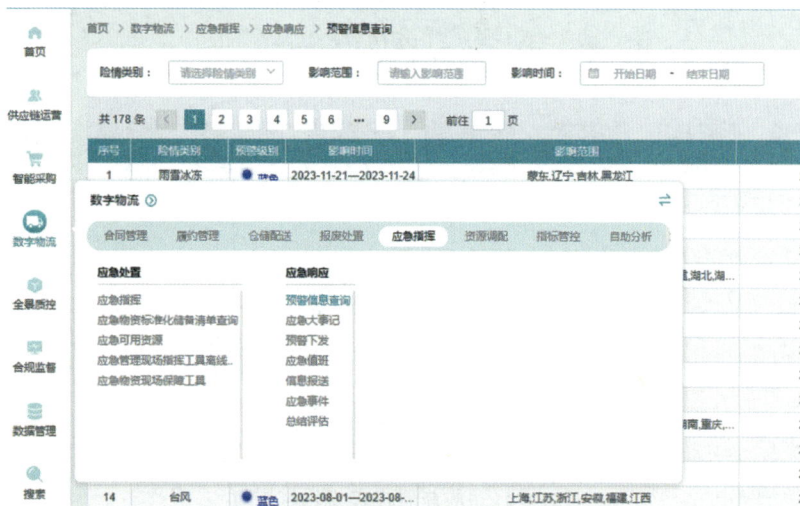

图 7-10 供应链运营调控指挥中心应急指挥模块

（三）ECS

ESC 是一个多部门协作联动的企业级应用系统，全面集成气象、电网、用户、视频、资源等各专业数据信息，具备应急值班管理、应急态势感知、应急资源监测、预警分析研判、预警行动闭环、应急作战一张图等核心功能，全面提升了应急工作的实时化、可视化、智能化、数字化水平。

ECS 与 ESC 实时进行数据传输，ESC 能够及时接收 ECS 发布的预警信息和应急物资需求，进行应急物资匹配查询。

（四）应急物流现场管理工具

1. 应急物流管理工具

应急物流管理工具作为 ESC 应急管理模块的补充，是物资人员靠前管理的工具，可支持离线和在线两种模式应用，主要是为物资保障现场指挥部物资人员使用。应急物流管理工具与 ECS、ELP 进行数据集成，具备物资需求提报、调配、配送、采购、履约、结算全流程管控功能，各阶段执行数据均可在线查询。通过应急物流管理工具的应用，可避免线下统计、跟踪工作，提高现场应急抢修工作效率，如图 7-11 所示。

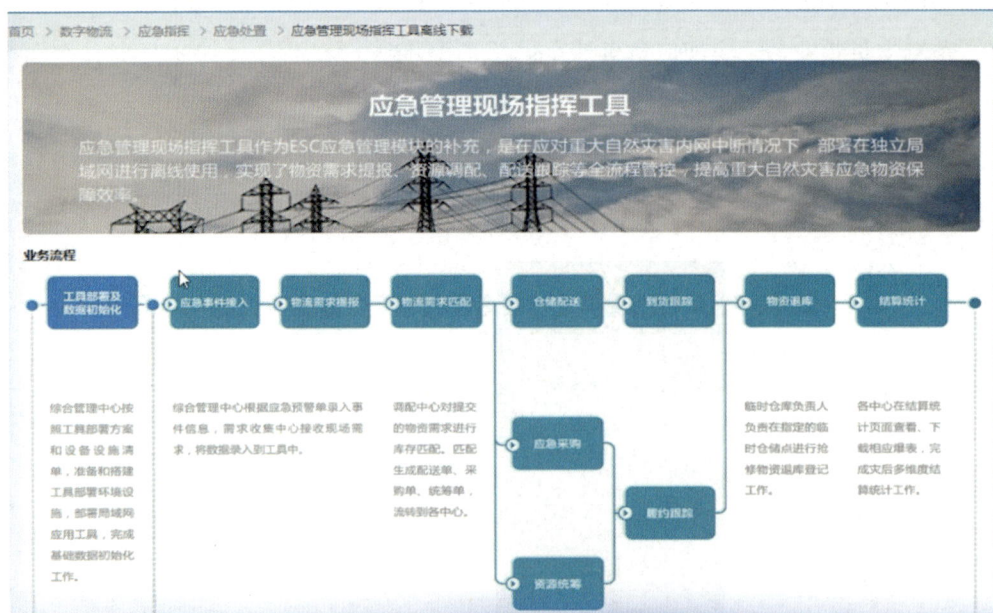

图 7-11　应急管理现场指挥工具

2. "e物资"应急保障App

国家电网公司在"i国网""e物资"App开发应急保障模块，实现对预警信息的密切跟踪，以及对本地值班响应信息的掌上便捷回复。通过系统部署三级应急物资保障组织体系，完善应急物资资源池抽取范围及抽取逻辑，优化应急事件管理流程，逐层提报应急事件和物资需求，开展物资调拨过程监控，实现应急事件提报、审核、调拨、结束全流程在线管控，充分发挥移动设备的便捷性，提高了应急响应的效率和灵活性，如图7-12所示。

图7-12　"e物资"应急保障App

（五）ELP

ELP作为一种为电力物流供应链提供智能化运作的平台，通过整合运力信息、仓储信息、道路勘探信息、运输监控信息等，为电力物流行业提供全流程的物流管理服务，帮助电力物流行业实现更高效的物流运作，提高应急物资的供应保障能力。在应急物资供应保障中，应用ELP实现运力供需对接，帮助物流企业及时获取货源信息，匹配合适的车辆，调配运力、快速响应。通过运输监控信息，实时跟踪运输过程中的车辆位置、货物状态等信息，为物流企业提供实时的监控和管控服务，保障货物安全、快速到达目的地。

第四节　应急物流保障程序

应急物资保障按照监测预警、应急响应、后期处置阶段开展保障工作。应急物资保障程序是应急事件处置的重要环节,发挥绿色现代数智供应链优势,强化资源统筹调配,加强专业协同联动,规范应急保障程序,缩短应急响应时效是提升应急物资保障能力的重要途径。

一、监测预警

(一)预警分类分级

国家电网公司预警发布坚持分级预警、分类管理、专业主导、信息共享原则。国家电网公司总部、省、地市单位根据专业分工和管辖范围,负责各级预警发布和管理,并做好协同配合和信息共享。

1. 预警分类管理

应急预警实行分类管理,对可能影响电网、设备、供电、人员安全的突发事件发布预警,具体包括如下四类事件:

(1)自然灾害类:如台风、雨雪冰冻、防汛洪涝、地质灾害、山火等。

(2)事故灾难类:大面积停电、设备设施故障、配电自动化系统故障、电力监控系统网络安全、调度系统自动化系统故障、网络与信息系统故障、水电站大坝垮塌等。

(3)公共卫生类:传染性非典型肺炎、人感染高致病性禽流感、群体性不明原因疾病、新型传染病或中国尚未发现的传染病、食物中毒、急性职业中毒等。

(4)社会安全类:突发群体事件、新闻突发事件、涉外突发事件、反恐怖防范等。

2. 预警分级管理

按照突发事件可能造成的严重程度和的影响范围,预警分为四级:一级、二级、三级和四级,依次用红色、橙色、黄色和蓝色标示,一级为最高级别。应急预案中,应明确预警分级标准,分级采用可量化指标,明确各级别数量范围。

(二)预警信息发布

1. 预警信息来源

预警信息来源包含中央气象台、国家防汛抗旱总指挥部、国家预警发布中心等专业机构或国家电网应急办(安全应急办与稳定应急办合称)发布的预警通知及省级单位上报的监测预报信息。

2. 预警发布方式

预警信息发布分为"自上而下"和"自下而上"两种发布方式。

（1）自上而下发布。国家电网各级物资部门依托 ESC 及时接收各级 ECS 发布的预警信息，第一时间通过 ESC、传真、电子邮件、微信、短信等方式，自上而下逐级发布应急保障预警信息，原则上要在 30min 内完成线上回复，并根据预警情况组织做好准备工作。

总部物资部门根据政府部门和应急办发布的突发事件预警信息，即时向相关地域及周边地域的省级物资部门发布应急保障预警信息，并提前做好应急物资跨省调配准备工作。

省级物资部门在接受总部物资部门预警信息后，或根据当地政府部门及本级应急办发布的突发事件预警信息，即时向相关地市公司发布应急保障预警信息，并提前做好应急物资跨地市调配准备工作。

（2）自下而上发布。不可预测的自然灾害等突发事件发生后，事发单位物资部门（单位）应在 1h 内以快报方式逐级上报至上级物资部门（单位）。省级物资部门根据突发事件影响范围，视情况将相关信息报送至本单位应急办和总部物资部门，如图 7-13 所示。

图 7-13　ESC 发布预警信息

3. 预警发布内容

预警信息内容包括风险概述、预警级别、预警类型、影响范围、影响时间等关键内容。各级物资部门可以通过 ESC 密切跟进预警事件发展情况，开展监测、辨识、分析，预判主要风险。

（三）预警行动响应

国家电网公司各级物资部门在接到发布的预警信息后，随时关注中央气象台、国家地震台网、国家应急部等外部平台的预警信息，增强各类灾害预警信息的敏感性，做好跟进、辨识、分析，组织开展应急物资保障准备工作。

1. 预警行动准备

收到预警信息后，物资部门密切关注预警信息，主动对接本级应急办，跟进预警事件发展情况，开展监测分析，对后续可能需要的应急物资提前做出预判。

（1）预警值班：按照相关应急事件对应预案或本级应急办具体要求开展预警值班。各级应急物资保障人员随时待命，做好准备。

（2）资源梳理：依据典型灾害场景应急物资标准化储备清单做好物资梳理，结合预警信息和影响范围，研判库存物资规格及数量是否满足应急物资保障需求，并及时进行补库，判断是否需要在相关影响区域设置临时存放点及提前部署人力、运力、物力资源，运用大数据技术分析历年应急物资保障数据，开展物资预调。通过 ELP 动态优化运力，对接社会物流企业，储备末端配送资源。

（3）仓库自查：预警影响范围内的各级物资库全面开展隐患排查工作，落实防潮、防淹、防洪、防滑坡等各项防灾减灾措施，重点做好库房结构、仓储设备设施、应急装备等检查及高层货架加固，对处于低洼、河道近区及泄洪区的仓库、存储点等重点区域，组织做好专项巡视检查，确保存放物资的安全。

应急事件预警行动（运力梳理）如图 7-14 所示。

2. 预警信息报告

预警涉及单位物资部门值班人员每日通过 ESC 向省公司物资部门报送值班日志，省公司物资部门值班人员汇总后每日向总部 ESC 报送值班日志。预警值班日志包含事件总体情况和重要事项，预警发布及响应情况、电网灾损及恢复情况、物资保障情况等内容，如图 7-15 所示。

图 7-14　应急事件预警行动（运力梳理）

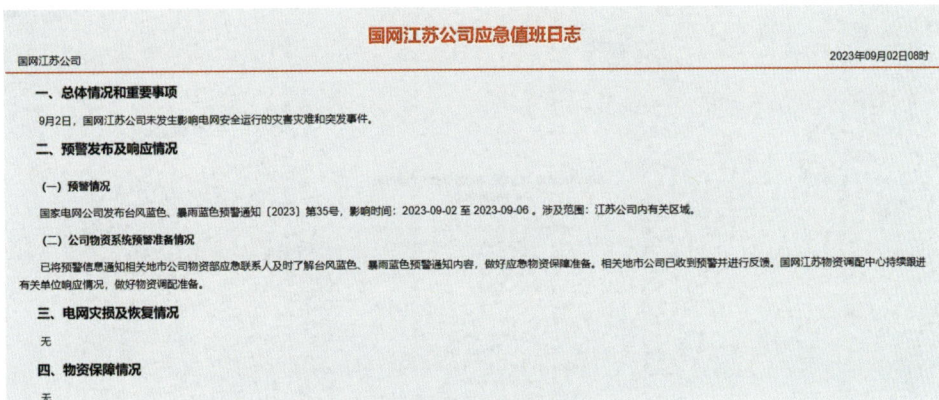

图 7-15　应急值班日志

（四）预警调整和解除

各级物资部门根据应急办下达的预警级别调整或者解除指令，及时进行相应调整或结束预警，解除已经采取的有关措施。如预警期满或转入常规应急响应状态，预警自动解除。

二、应急响应

突发事件应急处置工作按照谁主管、谁负责的原则，落实属地为主、分级负责、专业主导、协同应对的要求，做到快速反应、有序高效，最大程度降低事件损失和影响。突发事件发生后，事发单位应当立即启动应急物资保障预案，采取针对性的应急处置措施予以应对。

（一）响应启动

发生应急事件，事发地及收到预警通知的各级物资部门根据发布的突发事件类型和等级，启动应急响应，统筹开展应急物资保障工作。

1. 先期处置

突发事件发生后，事发单位应密切关注事态，收集应急信息，做好内部信息汇总和报告，做好相关人员、各类物力资源、承运商等调度，及时开展本单位应急物资保障工作。重特大灾害发生时，第一时间公开物资保障 24 小时服务专线，开放全网库存查询权限，以便现场抢修人员根据设备受损情况梳理所需物资，结合库存情况确定物资需求方案，如图 7-16 所示。

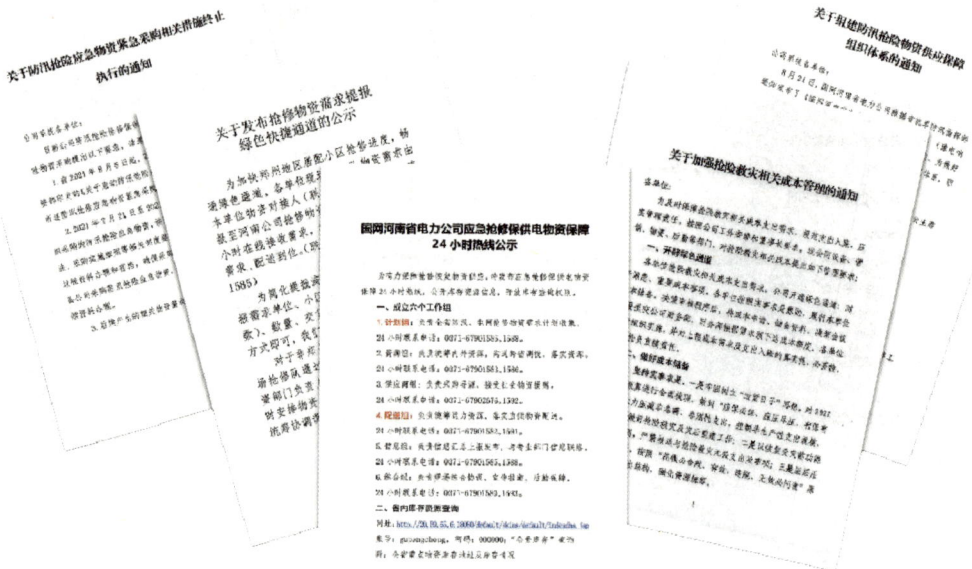

图 7-16 重特大灾害特事特办

2. 紧急报告

事发单位按照接报即报原则，通过 ESC 平台、e 物资、微信、短信等快捷方式，在事件发生 1h 内向上级物资部门完成首报，主要内容包括事件基本情况、发生时间、地点、影响范围、受损情况及先期处置情况等概要信息，涉及内部事项的特殊事件可进行电话上报。应急事件响应后，预警值班日志停止报送。完成首报的同时，再次确认预警响应阶段提到的各项物资保障措施均已落实到位。

接到事发单位信息报告后，各级物资部门根据事件性质、影响范围、损失及应急响应类型和级别等情况组织事发单位分析研判应急物资需求，制定保障工作措施，组织开展应急物资保障工作，如图 7-17 所示。

图 7-17　应急事件快报

3. 成立指挥机构

针对重特大应急灾害事件，视情况成立应急物资保障现场指挥部，由国网物资部、国网物资公司、事发单位、支援单位相关人员及抽调的应急物资专家库专家组成。相关人员在收到通知后，工作时间 30min 内、非工作时间 60min 内到达应急物资指挥中心。出差、休假等不能参加的，由临时代理其工作的人员参加，如图 7-18 所示。

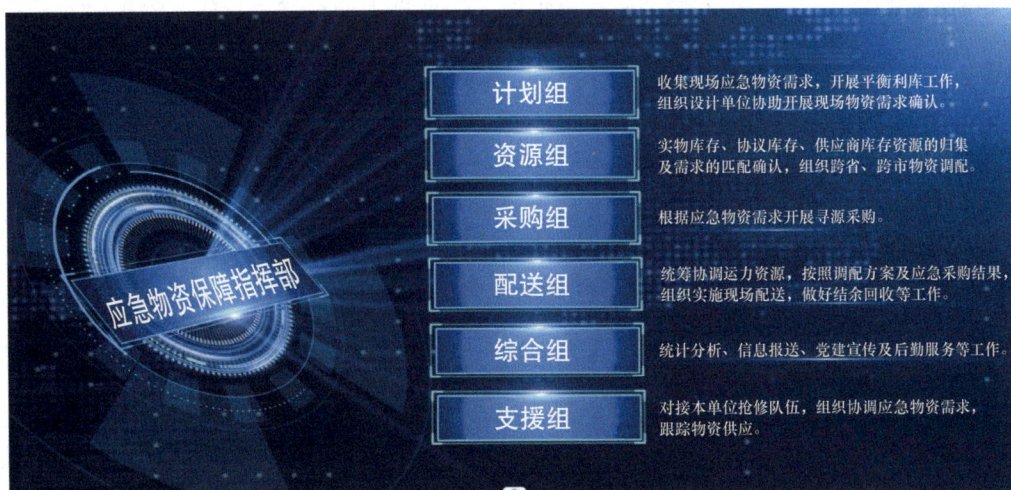

图 7-18　应急物资保障指挥部

4. 视频会商

依据事件等级和突发事件情况及事发单位需求，启动视频会商机制，及时协调应急物资供应问题。视频会商原则上每天开展一次，直至响应结束。视频会商由事发单位汇报事件详细情况、应急处置进展、物资保障情况及需要协调的问题。各级物资部门统筹协调安排跨省、跨地市资源调配，开展应急采购等工作。

5. 应急值班

各级物资部门适时启动 24 小时应急值班和日报告机制，密切关注事态发展，加强信息跟踪与反馈。及时向本单位应急办和上一级物资部门（单位）报送应急保障过程信息，包括基本情况、事件影响、应急需求、需要协调的问题等。

（二）响应措施

应急响应启动后，各级物资部门主动对接专业部门、物资供应商、协议物流商等，针对灾害特点、范围、规模、严重程度等，制定应急物资保障工作措施，组织做好"全天候、全时段"物资供应服务，确保物资配送及时到位。

1. 物资需求收集

应急事件发生初期，物资需求部门通过 ECS，在线点选需求物料，优先在本级物资库、专业仓中选取物料，实现应急状态下物资提报由"提物资"转为"选物资"，推动"以物定方案"（详见二维码），提升应急物资供应服务能力及响应时效，如图 7-19 和图 7-20 所示。

针对灾害不同发展阶段，根据需求物资变化规律，分阶段开展物资需求研判，及时采取阶段性精细化的物资响应策略。例如在河南抗洪抢险中，初期重点落实发电机、水泵、烘干机、抢修工器具等抗汛物资，中后期重点落实变压器、电力电缆、开关柜、环网箱等电网抢修物资，如图 7-21 所示。

重特大灾害发生时，应急物资保障现场指挥部计划组向专业管理部门开放全网库存查询权限，物资需求部门应用应急管理现场指挥工具提报物资需求。必要时邀请设计院专家协助现场需求提报，将现场口语化需求信息"翻译"成物料编码，对于与现场需求物资型号、规格相近的，提出物料替代建议，在抢修方案中采取型号替换（详见二维码）、以大代小等举措，降低需求提报与供给偏差，提高供应精准性。

本级应急物资资源无法满足需要的，可向上级物资部门提出应急调配申请。

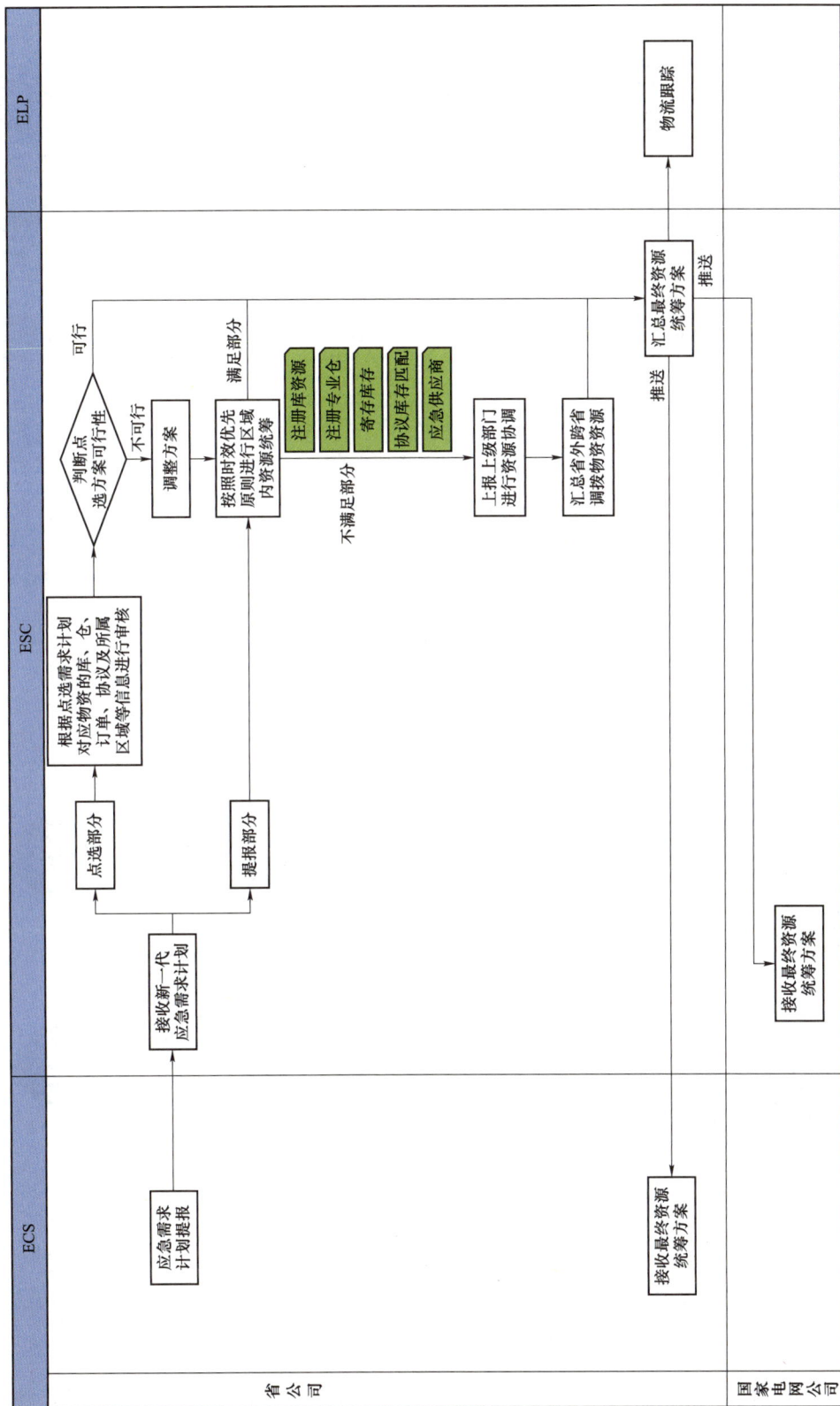

图 7 - 19 应急物资资源匹配流程图

图7-20　应急物资供应智能推荐方案

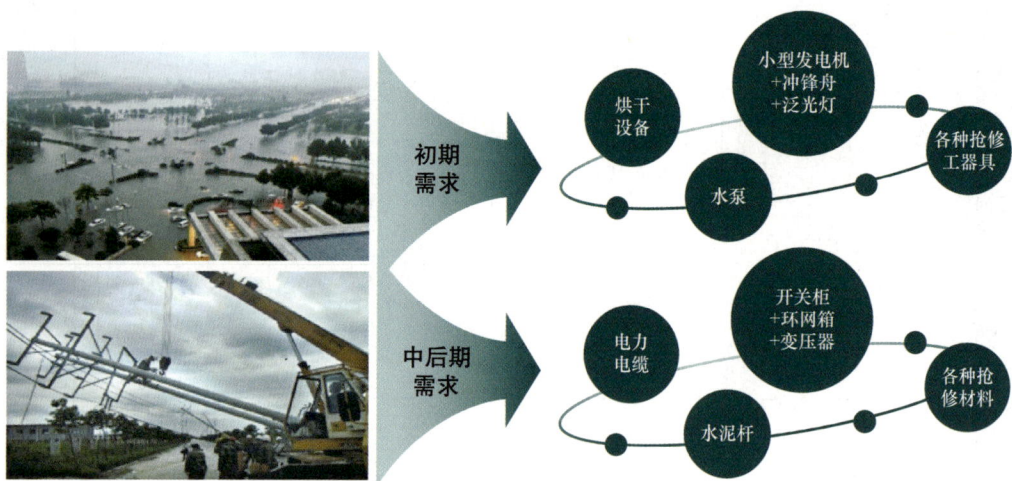

图7-21　分阶段开展物资保障

2. 物资资源调配

按照由近及远、效率最优的保障策略，各级物资部门通过 ESC 接收 ECS 推送的应急物资需求，统筹实物资源、协议库存、合同订单、供应商库存、跨企业共享资源，开展应急物资调配。按照"先属地、再跨市、后跨省"原则，综合考虑道路损毁、覆冰及当地公共卫生事件要求等因素制定调配方案。在时效相同情况下，按照"先实物、再协议、后订单"顺序，统一调配应急物资，即在实物资源无法满足需求的情况下，可通过协议库存匹配、订单调配等方式保障物资供应。本级物资部门无法满足的应急物资需求时，及时上报上级物资部门协调解决。省公司应急物资资源无法满足需要的，通过 ESC 提出应急调配申请。总部物资部门统筹国家电网公司范围内实物库存资源与协议库存资源，根据实际需求，下达跨省实物资源调配或协议库存调剂指令。接到调配指令后，在库在仓物资原则上 1h 完成出库（仓）发货；跨省、跨市调配物资，调出单位接到调配指令后原则上 2h 内完成出库。

重特大灾害发生时，应急物资保障现场指挥部按照先近后远、先实物后协议再采购的原则，开展应急物资保障工作，如图 7-22 所示。

图 7-22　应急灾害物资资源调拨

3. 应急物资采购

在资源调配均无法满足现场需求的情况下，及时实施应急采购。需求单位在履行相关手续后可实施直接委托，优先选择协议库存和批次采购中标供应商，由提供最快物资保障供应商供货，价格参照最近批次招标采购结果确定。应急采购按照"先采购、后备案"的原则，在应急状态解除后及时提报相关资料。

重特大灾害发生时，应急物资保障现场指挥部在统筹调配仍无法满足需求的前提下，组织应急采购。根据现场抢修情况，对于急需的零星物资及工器具，现场指挥部视情况及时安排主力集货商直接对接抢修队伍，零星小件直接送货到抢修现场，做好使用备案，提升小件耗材快速供货能力，如图 7-23 所示。

图 7-23　应急物资采购驻厂催交

4. 应急物资运输交接

应急采购物资的运输原则上由供应商负责，供应商属地物资部门负责做好应急采购物资的属地协调、催交催运等工作。

实物库存资源调配的运输原则上由调出单位负责，调出单位统筹框架协议运输服务商、社会物流企业、物资供应商运输资源等运力资源，组织做好应急调配物资的运输配送。

依托 ELP，在线监控运输配送全过程。应急物资物流商应根据灾情合理选择运输路径，严格做好人员、物资和车辆的安全防护工作，遵从现场安全工作要求，防止各类次生灾害导致人员伤亡。物资需求单位选择安全的到货交接地点，保障应急物资高效接收。物资到货后，物资需求单位通过 e 物资扫码，做好物资交接验收工作。

重特大灾害发生时，应急物资保障现场指挥部视情况启用临时仓储点进行物资临时周转。必要时租借供应商生产场地，利用供应商已有的器具、设备进行材料切割分发，满足快速出入库要求。在应急响应收尾阶段组建结余回收专班，按照领料清单做好现场物资结余回收，如图 7-24 所示。

5. 应急信息报送

响应启动后，各级物资部门主动对接专业部门，及时掌握应急事件电网受损情况的初步核实数据及信息，通过 ESC 系统、邮件、微信、短信等方式及时向总部报送信息。应急响应等级为 Ⅰ 级、Ⅱ 级时，上报首报、续报、专报"三报"，应急响应等级为 Ⅲ 级、Ⅳ 级，上报首报、续报"两报"。首报在应急事件发生 1h 内上报，首次续报应在灾害发生后 6h 内上报，专报每日持续更新信息，直至应急事件解除。

图 7-24　应急物资到货交接验收

应急供应业务流程如图 7-25 所示。

（三）响应调整和解除

各级物资部门根据本级应急办下达的响应级别调整或者解除指令，做好应急物资保障工作的调整。应急响应解除后，及时开展应急事件的后期处置。

三、后期处置

（一）物资领退和拆旧移交

应急物资保障过程中产生的借用物资、结余物资、拆旧物资，在应急状态解除后 15 日内办理退库，由专业部门出具技术鉴定及审批移交手续。需要办理领用的，借用单位、领用单位应第一时间完成立项、落实费用。需要报废处置的，物资部门根据出库台账逐项跟踪，闭环管理。结余物资、废旧物资回收工作量暴增时，适时组建结余回收等柔性专班。

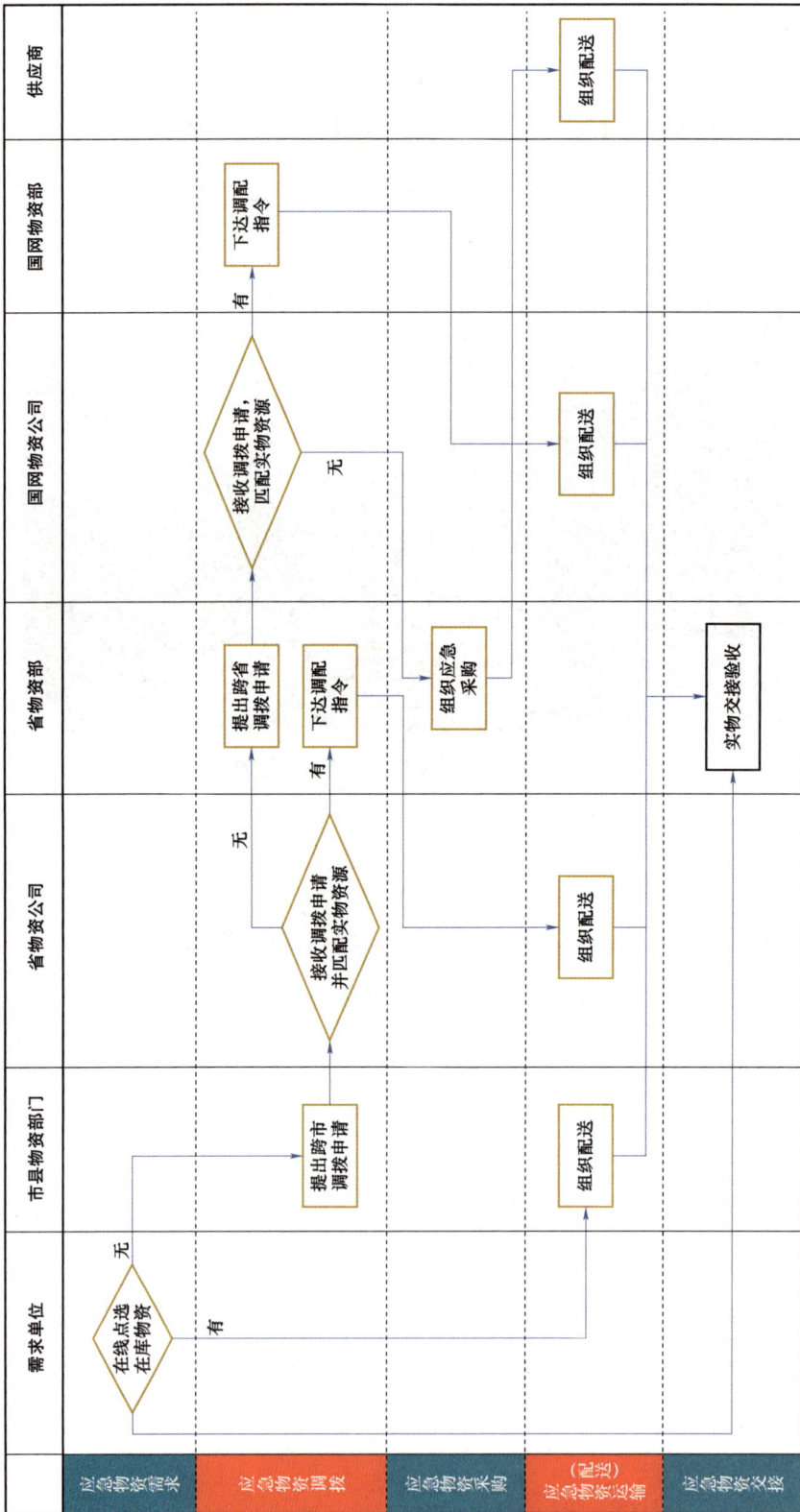

图 7－25　应急供应业务流程

（二）应急结算

事发单位物资部门应协同相关专业部门迅速开展后续结算工作。各级专业部门应加快完成项目立项或专项成本申请，物资部门加快办理应急物资结算相关手续。

1. 实物结算

实物储备物资由储备仓库所在地省公司组织内部结算。结算时，原则上采取销售方式，可依据 ERP 出库价格进行结算，调出/调入双方依据调拨通知单签订合同，特殊情况时可以协商解决。

2. 采购结算

应急采购物资由发生应急事件的单位依据合同（协议）组织办理结算业务，原则上在应急状态解除后 180 天内，完成已申领应急物资的费用结算。

3. 运费结算

原则上由发生应急事件的地（市）级单位结算，跨省（市）调配运输费用结算原则上由应急物资调出单位与运输服务商办理结算手续，特殊情况也可双方协商确定。

（三）总结评估

在应急响应解除后，事发单位组织开展应急事件物资保障情况总结评估，重点评估保障准备、响应启动、需求提报、资源调配、应急指挥等情况，收集需求单位、供应商与承运商等意见建议，针对存在的短板及薄弱点，明确有关补强措施，并对相关问题进行闭环整改，提升应急状态保障能力。应急状态解除后两周内，将总结评估报告逐级上报。

（四）资料归档

按照"谁形成、谁归档"原则，事发单位物资部门应做好应急物资保障全过程资料收集保存工作，主动配合评估调查。归档资料包括物资调配、应急采购相关手续，应急物资保障过程资料，总结评估等。

第五节　应急物流保障实践

典型案例一：河南特大暴雨应急物资保障

（一）案例背景

2021 年 7 月 20 日－22 日，河南省遭遇历史罕见特大暴雨，水灾造成郑州、新乡等地区配电网设施损毁严重，数十万户居民停水停电。汛情发生后，国家电网公司迅速组织 26 个省公司、1.4 万人的抢修队伍，紧急奔赴河南，开展抢修复电大会战。

本次应急抢修需在一周内完成郑州水淹小区抢修工作。应急抢修物资需求计划晚、要货时间紧、供应数量大、品类规格庞杂，加之市内交通尚未完全恢复，配送难度非常大。如此大规模的抢修物资需求，能否在短期内找得到、供得上，物资专业面临巨大挑战。

（二）主要做法

（1）应急物资保障组织体系快速建立、高效运转。国家电网公司第一时间启动应急物资保障预案，按照"前方＋后方""各省＋河南""指挥＋专业＋协作""常态＋专班"思路，成立由国网物资部统筹指挥，"国网物资公司＋国网河南电力＋26 家省公司"共同参与的应急物资组织体系。

在河南一线，建立"1＋6＋1"的物资保障组，1 个指挥组，计划、资源、供应商、配送、信息、综合 6 个专业组，以及 26 个省、46 名物资支援人组成的协作组，216 名物资保障人员 24 小时开展需求收集、资源匹配、应急采购、物资配送，全力保障应急物资供应，如图 7-26 所示。

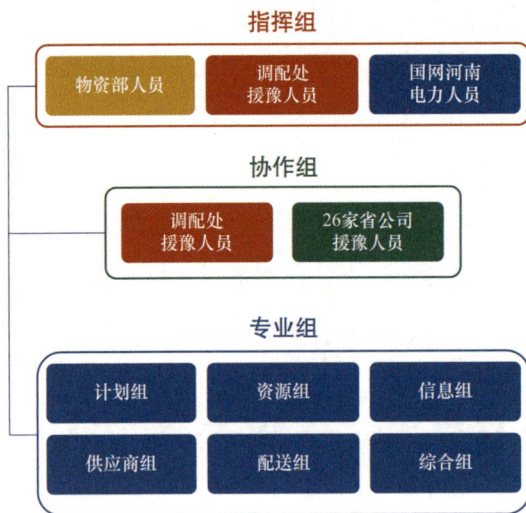

图 7-26 "1＋6＋1"的物资保障组

在后方，建立"1＋1＋26"的统筹协调组，国网物资部、国网物资公司及 26 家省公司根据郑州现场需求，远程开展实物跨省调拨，组织供应商紧急生产备货及物资发运。

（2）党建引领、攻坚克难，发挥党员模范先锋作用。7月26日，国家电网公司直属党委批准在郑州现场成立应急物资保电临时党支部，设立省级35个党员突击队、10个青年突击队；7月27日，临时党支部召开第一次党员大会，开展主题党日活动，向全面完成保供任务发起总攻。国网物资部、国网物资公司、国网河南电力、26家省公司、国网郑州供电公司、国网河南物资公司的98名物资前线党员参加活动。国网四川物资公司共产党员服务队队长宣读倡议书，全体党员纷纷表示，要充分发挥基层党组织战斗堡垒作用和广大党员先锋模范作用，把河南防汛抗灾保供电作为党史学习教育的检阅场、为民服务的主战场、检验队伍的阅兵场，全力打造电力物资保障的铜墙铁壁。

（3）多措并举、特事特办，高效响应专业需求。对于特急物资需求、重大协调问题，集中会商，特事特办。发布抢修物资快采快供便捷举措；公开物资供应24小时服务热线；开放全网库存查询权限；简化需求计划提报内容和流程；邀请设计院专家将现场口语化需求信息"翻译"成物料编码，避免错报、漏报和重复提报；授权支援单位应急采购，精简领料签字审批；各省物资支援人与本单位驰援队伍对口联络，做到物资"随报随供"；对供货紧急需求，提出库存储备物料"以大代小"的替换建议；顺丰团队进驻配送组，加快物资配送速度；电缆仓库现场办公，开展一站式服务；适时组建箱式变电站、电缆等柔性专班，保障重点物资供应效率；重大问题直接报指挥组现场督办协调，第一时间化解供需矛盾，如图7-27所示。

图7-27　河南洪涝灾害应急物资调配

（三）创新点及成效

（1）组织有力，彰显集团化管控优势。国家电网公司总部第一时间启动应急物资保障预案，成立由国网物资部统筹指挥，国网物资公司＋国网河南电力＋26家省公司共同参与的"两级双向三通道"联合保障应急物资组织体系。两级，即总部和省公司；双向，即郑州现场和北京后方；三通道，即三个物资供应保障通道，包括实物资源跨省调拨、供应商库存及订单资源跨区调剂、国网河南电力自行匹配及应急采购。

（2）党建引领，党员先锋模范作用凸显。成立临时党支部，重温入党誓词，组建党员突击队、青年突击队，发出物资保供攻坚倡议，有力发挥了广大党员干部先锋模范作用。面对人民群众急需用电的迫切需求，各级党组织和广大党员干部，发挥先锋模范作用，舍小家、顾大家，冲锋在前、日夜奋战，24小时全天候、全时段投入，奋战在物资保障一线，以最实措施、最硬作风，用物资人的担当彰显了"特别负责任、特别能战斗、特别能吃苦、特别能奉献"的电网铁军精神。

（3）机制顺畅，提高业务运作效率：①专业协同机制，物资专业保持与安监、设备、营销、调度等各专业深度协同，提前有针对性地筹措物资；②"前后方"协同联动机制，建立物资专业工作群，对河南省内无法满足需求的物资，由总部统一匹配调拨；③信息公开公示机制，对外快速公开公示应急抢修保供电物资保障24小时热线、抢修物资快采快供四项便捷举措等有关举措，利于工作配合及抢修推进；④特事特办机制，对于特急物资需求，以及协调过程中存在的物资落实不到位、配送不及时、影响现场抢修等重大问题，可直接到指挥组申请集中会商解决。其中特事特办机制解决了一大批难题，同时对于指挥组调整体系、改进工作提供有益借鉴。

本次应急物资保障按照"宁可备而不用，不可用时无备"原则，集全网资源保河南抢险会战一线。累计组织20家省公司开展实物跨市、跨省调拨，协调25家供应商库存、产能资源。跨省调配物资凌晨匹配、连夜发车，首批物资需求1h完成供需对接，13家省公司、37车次物资5h全部装车发运，8h陆续送达现场。

典型案例二：四川甘孜泸定地震应急物资保障

（一）案例背景

2022年9月5日12时52分，在四川甘孜州泸定县发生6.8级地震，9月5日12时56分，在四川雅安市石棉县发生4.2级地震。地震造成四川电网多座变电站停运，多条线路跳闸。地震导致500kV石棉变电站3台主变压器、9支高压侧套管受损漏油，导致主变压器停运。

高压套管主要用于变压器、电抗器、断路器等电力设备进出线和高压电路穿越墙体等的对地绝缘，起绝缘和支撑作用，是电力系统中的重要设备。高压套管一般无实物储备，在供应保障中主要按项目生产；其技术工艺要求高，在制造、运输中，易出现裂纹等潜在质量问题。面对突发事件，如何尽快落实货源并安全、及时地将高压套管运输至工程现场是亟须解决的问题。

（二）主要做法

（1）统筹调配、效率优先，迅速落实应急物力资源。9月5日14时，国网四川电力迅速联系超高压公司落实变压器厂家名称、套管具体型号，寻找原厂家有无库存，同时查询国网四川电力库存并报请总部协调。国网物资调配中心通过ESC"一本账"可视模块，按照先实物调拨、后应急采购原则，查询国家电网公司实物库存资源、协议资源、合同订单资源、供应商资源，调配传奇电气（沈阳）有限公司生产的公司其他项目套管6只；剩余资源缺口，按照效率最优原则，应急采购高压套管生产厂家西安西电高压套管有限公司生产的3只套管。

（2）属地支撑、驻厂监造，确保应急物资质量可靠。针对高压套管技术要求高、制造过程质量问题易发的情况，国网物资部、物资调配中心协调国网辽宁省电力公司发挥属地支撑作用，安排专人赴传奇电气（沈阳）有限公司开展驻厂监造，监督供应商严格落实高压套管各关键工艺环节质量管控要求，确保应急物资质量可靠。

（3）提前开展运输路线规划，运输过程全程监控。及时获取沿途疫情管控要求和路况，规划川内运输路线，避开成都疫区。协调政府部门办理手续快速通过川陕交界高速服务区、雅西高速荥经服务区货车检测站、石棉县高速出口等关键点位。运输过程中，国网物资部、物资调配中心应用ELP全程监控实时监控运输车辆的行驶路线、定位、车速等多项参数，确保套管安全平稳运输。

（三）创新点及成效

（1）全量物力资源池支撑物资调配快速响应。利用ESC全量物力资源池建设应用，实时查询全网实体库、专业仓，统筹实物库存、协议库存、零星物资、合同订单、应急采购资源，以及供应商库存、跨企业共享资源等，严格执行"先利仓后利库"实物资源调拨流程，实现资源在更大范围内的共享共用，支撑应急物资需求快速响应。9月5日14时，受理高压套管应急需求，当晚完成资源锁定，当晚3时首批物资完成装车发出。

（2）ELP 保障运输全程实时追踪。通过 ELP 的"运输监控"功能，实时监控在途设备的运输路径、运输状态等信息，确保物资及时、准确送到指定地点。在本次高压套管运输中，累计运输监控超 4100km，保障应急物资安全可靠供应，支撑主网快速恢复供电。

（3）政企联动、协同支撑，应急保障提质增效。本次应急保障充分发挥属地省公司与政府疫情防控、交通运输等政府部门的联动优势，政企联动保障应急设备快速通行；国网物资部、物资调配中心统筹各省公司力量，发挥设备生产供应商属地省公司支撑保障能力，现场管控供应商厂内生产质量、进度，高压套管出厂试验一次通过，应急物资保障快速可靠。

典型案例三：台风"杜苏芮"及华北、东北区域洪涝灾害应急物资保障

（一）案例背景

2023 年第 5 号台风"杜苏芮"（强台风级）于 7 月 28 日上午 9 时 55 分在福建晋江沿海登陆，登陆时中心附近最大风力 15 级（50m/s），福建泉州、厦门、漳州、莆田等地受灾严重；第 6 号台风"卡努"（热带风暴级）于 8 月 11 日 23 时在辽宁庄河市沿海登陆，受其影响，黑龙江中西部、吉林中部、辽宁中东部部分地区出现大到暴雨。受台风"杜苏芮"环流北上影响，华北区域的北京、天津、河北等地持续性强降雨，局地大暴雨，北京房山区、门头沟区，河北涿州、张家口、廊坊等地洪涝灾害严重，东北区域受上游水库泄洪和局部短时强降水叠加影响，长春榆树市、舒兰市部分乡镇地区受灾，黑龙江南部地区阿城、肇东、五常及哈尔滨、牡丹江等地受灾。台风及暴雨造成电网设施受损，电力抢修任务艰巨。

本轮灾情应急物资保障特点是短期内叠加多种自然灾害。台风"杜苏芮"影响尚未结束，台风"卡努"随即登陆，华北、东北陆续出现强降雨，造成洪水及内涝灾害，电网设施受损，多点同时触发应急物资需求；灾害波及省公司多。本轮自然灾害波及华东区域、华北区域、东北区域等 11 家省公司，部分地区受灾严重，出现倒塔、倒杆、变电站被淹等；应急物资需求量大。由于受损电网设施抢修点多、面广、需求量大，且在同一时间段内爆发，部分地区（特别是山区）排涝缓慢、道路损毁、造成运输困难，物资供应统筹协调工作量大，保供任务艰巨。

（二）主要做法

（1）物资保障靠前支撑，灾前准备扎实可靠。国网物资部、物资调配中心应用"电力保供暨亚运会应急物资演练"成果（"华东台风＋华北暴雨"场景），以及河南特大暴雨应急物资保障经验，加强预警研判，提前组织省公司梳理物力运力资源，协调应急协议库存供应商 24 小时待命，物流运输单位在各仓库附近待命；提前规划临时物资存放点，对照台风、洪涝灾害应急物资标准化储备清单，开展灾前预调；提前组建跨省支援团队，组织山西、山东、江苏、河南四家省公司作为第一梯队，华中、西北区域省公司作为第二梯队，随时做好支援准备；建立结对帮扶联络机制，组织浙江对接黑龙江和辽宁，福建对接吉林、蒙东，开展线上应急物资保障结对交流指导。

（2）主网物资主动服务，生产协调及时跟进。铁塔紧急生产刷新供应速度记录。国网物资部、物资调配中心全程跟进协调主网抢修铁塔图纸交付、放样加工、镀锌包装、运输配送等环节。应对台风"杜苏芮"过程中，紧急协调 3 家铁塔供应商连夜生产福建公司急需的 2 基 500kV、3 基 220kV 受损铁塔，并协调属地省公司派员驻厂催交催运，首基 500kV 铁塔仅 38h 完成生产发运，其余 4 基铁塔 72h 内完成生产发运。从图纸交付、放样加工、镀锌发运等环节，全程跟进协调黑龙江受损 11 基铁塔（35kV 3 基、110kV 8 基）生产供应，促进供应商加工提速提效，满足现场抢修需求。

（3）配网物资深入前线，难点堵点提前督导。在物资保供全面铺开之际，国网物资调配中心随同国网物资部赴国网北京市电力公司、国网冀北电力有限公司物资保障指挥现场，了解应急物资保障体系机制运转情况、防汛救灾物资省内保障及跨省调配需求等，并指导开展应急物资接收、存储、发放等关键环节有关工作。

重点物资库存滚动更新，推进应急物资型号替换。国网物资调配中心针对现场急需的电缆、箱式变电站等重点物资可调配库存，采取 24 小时滚动更新机制，引导受灾省份按照库存物资提报需求，大幅提升响应效率；向抢修单位开放实物资源池，引导需求单位在需求提报过程中，按照库存物资制定抢修方案，争取抢修物资"型号替换"，推动应急状态下由"提物资"向"选物资"转变。

配网物资大量到货后，国网物资调配中心派专业骨干赴河北涿州龙马路仓库、冀北廊坊光明东道仓库应急物资临时转运点，了解抢修复电物资到货及领用情况，指导应急物资迅速运抵灾区，把物资保障服务延伸到"最后一公里"。应急物资跨省调配如图 7-28 所示。

图 7-28 "杜苏芮"台风应急物资跨省调配

（三）创新点及成效

（1）灾前准备更充分，坚决做到"物资等抢修"。构建国网物资部统筹指挥、"国网物资公司＋11 家影响范围内省公司＋N 家支援省公司"共同参与的应急物资保障体系。组织受灾区域周边省公司，按照"由近及远"原则分层支援，对于重点省公司采取对口帮扶的支援方式。各级物资部门与设备、营销等专业部门高效协同、无缝对接，会商抢修方案及物资需求，通过实物库存、供应商库存、应急采购等多种渠道保障供应，首批跨省调配物资 1h 出库、8h 送达。本轮应急早期 48h 内实施跨省调配，物资金额较河南特大暴雨提升 103%，应急物资响应效率大幅提升。

（2）应急响应更迅速，物资调配方案持续优化。充分应用"7·20"河南特大暴雨应急物资保障经验，结合历史大数据，根据抢险抢修不同阶段物资需求变化规律，优化调整应急预案，采储结合，分阶段开展抢险工器具、电网抢修等物资专项攻坚。依据台风及洪涝灾害应急物资标准化储备清单，在预警阶段组织有关省公司开展物资预调，为电网抢修打足"提前量"。发挥物资专业技术优势，引导抢修单位根据实际库存物资清单提需求，推动型号替换，实现应急状态下由"提物资"向"选物资"转变。全程跟进协调抢修铁塔图纸交付、放样加工、镀锌包装、运输配送等环节，首基 500kV 铁塔仅 38h 完成生产发运，刷新应急物资供应速度记录。

（3）国网绿链支撑更有力，应急物资供应精准可靠。依托 ESC 实时查询各单位物资库、专业仓，以及供应商库存品类、数量和状态信息，动态掌握全网产能运力情况；及时获取 ECS 预警信息，全时段监测台风、气象、水文等数据变化，加强研判分析。在线智能匹配跨省物资调配需求，开展统一调度指挥。通过 ELP 全过程监控在途设备的运输路径、运输状态等，保证跨省调配的 102 车次物资精准对接、可靠供应。

第八章

未来展望

国家电网公司作为电力物流服务的组织者、物流资源的调度者，秉承现代化、数字化、绿色化发展理念，加快构建现代物流体系，为国家电网公司及社会提供数字化、智能化物流服务，推动物流绿色低碳、物流生态高质量发展，提升产业链供应链韧性和安全水平，推进现代物流提质、增效、降本，为建设绿色现代数智供应链，为全力服务国家战略、行业及企业发展提供坚强有力支撑。

（1）深化现代物流体系建设，保障新型电力系统建设和国家电网公司经营发展。国家电网公司将加大技术、业务、数据等创新，聚焦物联网、北斗、移动互联网、数字孪生、人工智能、区块链等核心技术在精准定位、路况勘察、路径优化、黑灯仓库、数字沙盘、自动化终端设备等业务领域的应用，统筹谋划国家电网公司物流基础设施数字化、智能化升级，提升运输、仓储、配送、包装、装卸等领域数字化能力、智慧化升级和服务创新，深化仓储配送网络与电网运营协同布局，促进国家电网公司仓储网络与电网建设的高效联动，提升物资供应辐射能力、物流综合服务能力和整体运行效率。

推动物流提质增效降本，服务公司经营发展。完善末端配送业务布局，整合分散的运输、仓储、配送资源，提高资源利用效率。优化物力资源集约储备调配，推进物料标准化、物流单元标准化，压降实物储备品类，促进储备物资向末端、一线需求延伸，提升物资在市县终端库和班组专业仓的集中储备能力。深化制造企业产能储备、上中下游企业、各类电网（接电）工程实物储备资源共享链路，更大范围开展"一盘棋"资源统筹调配，降低全链库存资金占用，提升实物资源配置、利用能力，降低全物流各环节运营成本，服务新型电力系统建设与高质量发展。

（2）强化供应链物流创新发展，带动电力物流产业链供应链价值提升。发挥国家电网公司供应链链主组织、协同管理优势，聚焦电力物流、电工装备制造业深度融合、创新发展，深化 ELP 应用，整合分散的物流服务能力和资源，开展流程优化、信息共享、技术共创和业务协同等创新，促进电工装备生产制造、原材料供应、物流等企业战略合作，聚焦电力装备、物流、信息等多样化服务于一体的物流创新解决方案，实现规模化组织、专业化服务、社会化协同，打造上下游分工协作的多维联动网络。持续完善电力物流服务评价体系，推动电力物流团体标准、企业标准构建，与国际国内物流标准接轨，争创电力物流领域企业标准"领跑者"，发挥示范带动作用。

加强检储配一体化基地、国家电网公司仓储与国家物流枢纽、社会物流园区、物流中心等设施布局衔接、联动发展。面向周边制造企业、物流企业提供集成化供应链物流服务，促进物流供需规模化对接，推动物流设施共享共用。加大智能技术装备在电工装备物流领域应用，推进关键物流环节和流程智慧化升级，实现物流资源高度协同运作，提高生产制造和物流服务一体化运行水平，形成技术驱动、平台赋能的物流业、制造业融合发展新生态。

（3）加快绿色低碳、安全韧性的现代物流体系建设，助推国家战略落地。建设现代物流体系，是国家电网公司在现代供应链领域的生动实践，是构建支撑国内国际双循环的物流服务体系、推动物流网络高效联通的具体举措。未来，国家电网公司将以绿色现代数智供应链建设为契机，深入推进物流领域节能降碳，深化绿色物流、绿色仓储、绿色包装、绿色运输和绿色处置应用，推进供应链物流环节碳排放轨迹跟踪，发挥供应链链主影响力，协同减排，不断提升产业链降碳实效，助力"双碳"目标落地。

统筹发展和安全，巩固国家电网公司、社会应急物流设施网络，更大范围接入与共享公司内外各类实物资源，完善应急物流干线运输和区域配送体系，提升跨区域大规模物资调运组织水平，为国家安全韧性的现代物流体系建设贡献国网力量，为建设现代产业体系、形成强大国内市场、推动高水平对外开放提供有力支撑。

（4）践行央企社会责任与担当，带动社会综合物流成本降本增效。国家电网公司积极践行央企社会责任，深化物流数据场景应用，探索建立管理精益、运转高效的电力物资供应链，持续降低电力物资供应链乃至全社会综合物流成本，既是建设具有中国特色国际领先的能源互联网企业的内在发展需要，更是发挥供应链链主企业枢纽价值、践行央企社会责任的重要使命与担当。

依托 ESC，围绕施工现场及仓库地理位置、供应商制造驻地、阶梯运输里程等关键要素，分品类建立物流综合成本分析模型，开展物流成本分析。综合运距、运费等因素，研究建立物流评审要素及规则，推动电力物流降本增效，支撑高质量前提下产品价格比选。优化智能配载及配送路径规划模型，匹配物料最小存货单位数据、运输车辆容积参数及订单信息，发挥配送规模效应。汇聚抽检退货、拆旧退库等内部业务配送需求，以及发货、收货两地及沿途的社会运输需求，共享内外部物流信息，融入社会大物流体系。

进入新时代，迈向新征程，国家电网公司将不断提升仓储与实物管理、运输与配送管理，实现更大范围资源高效配置。通过与链上企业共同成长、与央企深度融合、与生态协同发展，更深层次、更宽领域推动供应链物流高质量发展，为中国式现代化赋能作贡献。

参 考 文 献

[1] 学习贯彻习近平新时代中国特色社会主义经济思想 做好"十四五"规划编制和发展改革工作系列丛书编写组. 构建现代物流体系 [M]. 北京：中国市场出版社，2020.

[2] 唐纳德·J. 鲍尔索克斯，戴维·J. 克劳斯，等. 供应链物流管理（原书第 5 版）[M]. 梁峰，译. 北京：机械工业出版社，2021.

[3] 鞠颂东. 物流网络：物流资源的整合与共享 [M]. 北京：社会科学文献出版社，2008.